孤独からはじめよう

中野善壽
Yoshihisa Nakano

ダイヤモンド社

はじめに

一人が怖い——。

孤独を恐れ、孤独に怯《おび》え、どうしたら孤独に悩まない人生を送れるのか。
一人でいると漠然とした不安を感じ、いつも誰かとつながっていたい。
自分一人の考えに自信が持てず、他人の意見や世間の評判に流されてしまう。
日々そんな思いを巡らせながら、二度と返らぬ時を過ごしていませんか。

日本という国に暮らす僕たちは、世界のどの国も経験したことのない早さで「超少子高齢社会」へと突き進んでいます。

さらに、経済の発展と共に核家族と単身世帯の割合が増えたことも相まって、「一人で生きる」というライフスタイルは、決して珍しいものではなくなっています。

加えて、二〇二〇年春以降続くコロナショックは、人々の暮らしに〝ソーシャルディスタンス〟という新しい生活様式を急速に浸透させました。

他人と物理的・心理的距離を保ちながら生きることを、誰もが余儀なくされています。

壁一枚の隔たりしかない集合住宅の中で暮らしていても、隣人が誰かを知らない。インターネットで瞬時に無数の言葉を受け取れても、さみしさを消すことはできない。

今、僕たちは「一億総孤独社会」を生きているのです。

しかし、それは不幸なことでしょうか。

僕は、そうは思いません。

この本で僕が伝えたいのは、「今こそ、孤独からはじめよう」というメッセージです。


なぜならば、孤独は自由の証《あかし》とも言えます。

そして、孤独は自分自身に還《かえ》る唯一の方法でもあります。

孤独を受け入れ、孤独を力に変えることで、初めて開く世界があります。

孤独は心を癒やし、心を鍛え、心を柔らかくすると僕は思うのです。


そう思うのには理由があります。

僕自身が、孤独に向き合い、孤独だからこその強みを発揮することで、人生そのものを満たし、自分自身を唯一無二の「個」へと研ぎ澄ませてきた自負があるからです。

無論、最初から計画したものではなく、結果的にそのように評価されてきたということです。

あらためて、僕が何者なのかを少しお話ししましょう。

僕は、戦後の混乱期に両親と離れて暮らし、幼い頃から心の中に孤独を感じながら生きてきました。

愛情を与えてくれる大人たちには恵まれましたが、「人は本来、一人なんだ」という覚悟を抱きながら少年時代を過ごしたのです。


野球の推薦で進学した大学を出た後は、伊勢丹に入社して子会社に配属。今でいう「ＫＹ（空気を読まない）」会社員として、思いつくままにアパレル事業の企画や販売に従事しました。

「見知らぬ土地に一人で降り立ったとしても、なんとかなる」

僕にはそんな自信があります。

香港や欧州、アメリカのニューヨークといった外国でも臆せず自分の「個」を生かし、海外支店の立ち上げや現地での新規事業に携わってこられたのも、孤独を恐れない強みによるものなのかもしれません。

伊勢丹の後に身を転じた鈴屋では、経営に携わる立場でしたが、若気の至りで辞めて突然台湾へ。

それもたまたま乗ったシンガポール行きの飛行機の経由地で、トランジットの時間が待てずに、その場でビザを取得し、台湾に入国したのがきっかけです。ふらりと降りて歩いた街の雰囲気が気に入りました。

感性のままに即決できるのも、孤独の身軽さゆえでした。

何者でもない自分として再出発した後も、新しい縁がつながって台湾の財閥系企業の経営に参画することに。

これも思いがけぬ展開でしたが、何にもとらわれず、しがらみもなく、「今、ここに必要なもの」を口にするのが、かえってよかったらしい。

十年ほど前、日本では東京・天王洲に本社を置く寺田倉庫の社長職を引き受けることになりました。過去に積み上げた倉庫業という枠を越えた価値を提案し、再構築してきたつもりです。

結果、天王洲はエリアごとアートの街へと様変わりすることになりました。「斬新な経営改革」などと騒がれましたが、僕はただただ、自分の心に素直に向き合っただけのことです。

寺田倉庫の社長職を辞した後も、新たな地での挑戦を続けています。


「個」として立つ。

世間の騒音に惑わされず、静かな内面の声を聞く。

孤独を力に変えられると、常に〝今〟に集中でき、成すべき何かが見えてきます。


過去の延長線上にない、今、本当に求められている決断をできるか。

孤独から生まれる決意を、自分だけのオリジナルな言葉で語れるか。

リーダーには、特にその資質が問われると思います。

社会全体が霧に包まれたかのような時代に生きる僕たちは、それを痛いほどに感じているのではないでしょうか。

一方で、僕は孤独から切り離せないさみしさも知っています。

つい最近のことですが、長年の月日を共にした大切な人を亡くすという経験をしました。

幼い頃に離れて暮らした父との、おぼろげながらも色褪《あ》せることのない記憶もあります。

孤独は、いつも「さみしさ」を連れてくる。

しかし、こうも思うのです。

さみしさは同時に、それを知るものにしか感じられない「あたたかさ」を心に灯す。

孤独を力に変え、前に進む術を。

心の中の鏡を磨いて、あなた自身の顔を映してじっと見つめる時間を。

この本によって見つけていただけることを、願っています。

孤独から
はじめよう
目次

はじめに　3

1章● 孤独からはじめよう

生まれた時は、誰もが「ひとり」。
孤独の力は誰にでも備わっている。　20

丘の上に一人立ち、風に吹かれる……。
孤独は心地よく、清々しい。　24

人は、群れて安心安全を求める生き物。
だからこそ、孤独の力が必要。　28

たった一人でも、新しい世界で生きていける。
人間本来の適応力は逞《たくま》しい。　32

この世も人も、一秒で移ろうもの。
孤独の時間の中で、今に集中すればいい。　36

実力も、特技も必要ない。孤独と弱さを認めたら、助けを得られる。 40
成功とは何か、幸せとは何か。生き方で、自分を示す。 44
孤独とわがままは違う。適度な距離感で、多様な他者を理解する。 48
「消耗しない生き方」というアジア人の知恵。強さを求めず、飄々《ひょうひょう》と、しなやかに。 52

2章● 孤独を力に「個」として自立する

他人の評価に左右されない。自分が最優先する気持ちを大切に。 58
一致団結は本当に必要か。自分で考え、「個」の力を発揮する。 62

最高に楽しめる、喜びの一瞬はどこにあるか。自分の心に聞き、そのために生きる。 66
異質な自分を知り、堂々と世に触れる。大人こそ、長旅をすればいい。 70
会って十秒で人を信じられるか。目の前の「個」との対話から始めよう。 74
人生には、成功も失敗もない。振り返らず、前に進めばいい。 78

3章● 孤独が仕事の武器になる

自分にも相手にも、百点は求めない。六十五点で、余白を分け合えばいい。 84
仕事は、目の前の一人のために。心を込めて、喜ばれる付加価値をつける。 88

自分に嘘をつかず、忖度《そんたく》しない。
違和感に気づいたら、すぐ修正する。 92
予定通りの決めごとは、つまらない。
顔を合わせてから、決めればいい。 96
できることは、自分でやる。
できないことは、分担する。 100
本気になるのは、一年のうち十時間。
それ以外は、力を抜いて素《す》のままに。 104
目標は追わない、計画も見ない。
誰の目も気にせず、今の答えを出す。 108

4章● リーダーの孤独を乗り越える

リーダーの仕事は、即断即決。
そして「責任は取るから大丈夫」の一言。 114

スピーディーに、パワフルに、フレキシブルに。
今、この時、この場所で、何をすべきか判断する。 118
管理はしない、期待するだけ。
期待をかけてもらえたとき、人は成長する。 122
リーダーは、神《み》輿《こし》に乗って踊るだけ。
支えてくれる人たちの期待に応える。 126
向き合えるのは、せいぜい十人。
仲間の顔つきが、一番の判断材料。 130
リーダーの孤独は、ナルシシズム。
垣根を取り払い、期待すればいい。 134

5章● 孤独で「素の自分」を磨く

自分のことを、放っておかない。
孤独の時間は、毎日確保する。 140

今日、正しいことは何なのか。
毎朝、今の自分の心を見つめる。 144

顔を丁寧に洗う、歯を念入りに磨く。
自分という個体を大切にメンテナンスする。 148

緑の葉を丁寧に拭き、声をかける。
観察の習慣で、変化に鋭敏になる。 152

日が暮れる頃には食事を終えたい。
上質な睡眠で、英気を養う。 156

繰り返し、心の中で歌う曲。
音楽が、孤独に寄り添う友となる。 160

偶然の出会いから生まれる会話。
ささやかな交流が、人生を彩る。 164

感性的な根拠があればいい。
直感こそ、本質を見抜く力。 168

五感のスイッチを入れ、ゆっくり歩く。
見慣れた街に、新しい発見がある。　172

6章●「孤独」＝《イコール》「さみしい」ではない

終わりを認めるから、始まりが見つかる。
誰かの期待を感じたときに「さみしさ」は消える。　178

肩書きや数字に、惑わされない。
「だから何なの」と思えばいい。　182

批判や中傷は気にしない。
徹底して鈍感になればいい。　186

会社はさみしさを埋める場所ではない。
自分の「個」が輝く場所へ行く。　190

地位や肩書に、しがみつかない。
自分の糧《かて》さえ、あればいい。　194

傷つくのは当たり前。
さみしさを抱えながら、生きていこう。 198
心の中に「ほっこり」生き続ける記憶。
たった一つで、人生を漕ぎ出す力になる。 202

7章● 孤独のなかで、他者とどう関わるか

人間関係は、水のごとし。
あっさりと、淡い付き合いでいい。 208
他者との関係は双方向で成り立つ。
応えられない期待は、手放していい。 212
苦手な人は、いて当然。
好きな部分とだけ付き合えばいい。 216
多様な他者と、軽やかにつながる。
一瞬で感じた相手のよさを口にする。 220

変わらない友情なんて幻想。
十年経てば、お互いに別人。 224

「そうなんだ」と「ありがとう」。

二つの言葉で、理想的な孤独を保つ。 228

孤独を保ち、他者と頼り合う。
依存せず、解放しながら、感謝する。 232

結びに 236

1章● 孤独からはじめよう

生まれた時は、誰もが「ひとり」。孤独の力は誰にでも備わっている。

「孤独」というと、どこか寂しく、ひとりぼっち……。
このような、マイナスの印象を持つ人が多いかもしれません。
しかし、そうではないと思います。
孤独こそ、集中力や感性の源、生きる力。
それは、誰もが生まれ持って備えている力ではないでしょうか。

オギャーとこの世に生まれてきた瞬間、人はたった一人で暗闇の中を進み、光の世界で生きるための行動を起こします。

これまでの命をつないだ緒《お》を絶ち、呼吸をして、乳を吸い、必死に生きようとする。生きるための何かを誰かに与えられているなどと、本人は認識もしていません。

それが乳房だと知り、空気という存在に気づくのはずっと後のことです。

赤ん坊はただ、本能という、自らの力で生きようとしているのです。

成長に伴い、人間は一人では生きられないこともわかっていきます。

「個」と「個」がそれぞれの力を出し合い、助け合うことで命を守り、成長し、社会を形成する。

それを発展させ、国家という仕組みも生み出してきました。

他者とつながることは一時の安全と安らぎをもたらします。

安全と安らぎという魅惑を富に変えることで、経済は発展したとも言えるでしょう。

しかしながら、甘い魅惑に身を委《ゆだ》ね過ぎて、誇り高き孤独の力を失いかけてはいないかと、常に自らに問わなければいけません。

孤独は人生を豊かにする相棒

現代は、孤独の力を見失いがちな時代です。

あまりにも情報が多く、顔が見えない他者の声が無数に聞こえては流れていき、内なる自らの声がかき消されてしまいます。

昨日の自分と今日の自分、その違いに、どれだけの人が気づいていることでしょう。

周りに翻弄され、「青がいい」と言われれば青く染まり、「白くなれ」と言われれば色を抜く。

いつしか消耗し、虚《むな》しさを持て余して、恨みを垂れる。

そんな繰り返しで命を使うことは、もうやめようと僕は言いたい。

もっと純粋な気持ちで、ありのままの自分で生きようと。

僕はたまたま、生まれ育った環境や、持って生まれた性格のせいか、常に「孤独」と共に生きてきました。

人とは少し違う人生を歩み、七十七歳という節目を迎えた今、孤独は決してマイナスではなく、人生を豊かにする相棒のようなものだと強く感じています。

逆説的に聞こえるかもしれませんが、孤独を味方にすれば、選択肢は広がり、共に事《こと》を成す仲間は増え、家族や友人をより愛せるようになるのです。

難しそうだと感じるでしょうか。

孤独の力は、特別な人間だけに与えられたものではありません。

誰もが備えているのに、心の奥にしまい込んでいるだけ。

現に、あなたは孤独に惹かれる自分に、すでに気がついてはいませんか。

もともと持っていたその力をゆっくりと掘り起こし、磨いてみてはいかがでしょう。

丘の上に一人立ち、風に吹かれる……。孤独は心地よく、清々しい。

孤独のイメージをもう少し、伝えましょう。

僕にとって孤独とは、暗くて寂しくて哀愁漂う感じはちっともしない、むしろ清々しく、時の風を頬に感じるような心地良さを連れてくるもの。

たとえるなら、小高い丘の上に一人立ち、思いきり息を吸って、目の前に広がる風景を見渡しているような。

人の群れに囲まれることがない場所で、自分の心に耳を澄ませて、対話をする。

何にも惑わされない。

誰にも偏らない。

そう、「孤高」という言葉に近いかもしれません。

事実、僕は孤独を愛する生き方を選んできました。

子どもの頃から自力で生きる覚悟を半ば決めていたので、社会に出てからもレジスタンスの塊のような若者でした。

ゆえに、なんの拠り所もなく会社を辞め、勢いで海外に飛び出して、たまたま降り立った見知らぬ土地で新しい人生を築いたのです。

家族ともつかず離れず、すでに成人した子どもたちもいますが、お互いにあてにしない関係ができあがっています。

台湾で暮らしているなか、縁あって寺田倉庫で経営を任され、期間限定と決めた上で、自分にとって必要と感じた決断をしてきました。

誰にも忖度《そんたく》せず、朝令暮改どころか〝朝令朝改〟で判断を変えることもしょっちゅうで、ただ自分の感性のままに「今やるべきこと」を決めただけ。

それだけで、「孤高の経営者」「斬新なリーダーシップ」のようなイメージを抱かれていると聞いています。

孤独の力で「個」として自立する

干渉せず、管理せず、依存しない。

それぞれの「個」を自立させ、孤独を力に変える生き方を選びたいと僕は願う。

孤独は、人を弱くするものではなく、強くするもの。

僕は、孤独の力を使って、友情を温め、社会に貢献してきたつもりです。

そして、今、この時代においては、誰もが「孤独の力」を認識するべきではないかと強く思っています。

混迷の時を迎えた今、きっとあなたも感じているのではないでしょうか。
絶対安全の将来を約束してくれるリーダーなんて、どこにもいない。
その存在を、求め続けることには意味がない。
もっと強く、自分を保たねばならないと。

僕は決して人間嫌いではありません。
むしろ人間が大好きで、だからこそ、お互いの命や想いを尊重し合いたい。
消耗し合うのではなく、磨き合いたいのです。

人は、群れて安心安全を求める生き物。だからこそ、孤独の力が必要。

では、どうして人は群れたがるのか。

それは人間という生物が哺乳類の中でも非常に弱く、生きるために群れる必要があったという現実的背景によるものでしょう。

様々な能力を身につけ、文明の利器を手に入れるまで、人間は群れることで命をつないでいました。

他者と協力して獲物を狩り、井戸を掘り、農作物を収穫しなければ、生きることさえできなかったのです。

つまり、群れることは「生きるための知恵」だった。

だから、僕たちは本能的に孤独を不安に感じてしまうのです。


しかし今は、一人でも命足るだけの環境が十分に整う時代になりました。

コンビニやスーパーに行けば、いつでも一人分の胃袋を満たす食料にありつけますし、緊急時に頼れるインフラも張り巡らされています。

生命の安全を守るための群れは、太古の昔ほどには必要ないのです。


それでも、孤独を恐れ、必要以上に群れを求める心理は根強く残っています。

結果、学校や会社、国家に依存して、「集団に帰属する個人」としか自分を説明できない人が圧倒的に多いと思います。

新型コロナウイルスによって「出社しなくていい」と突然言われて戸惑い、本来は働き方を自由に解放するはずのリモートワークによって、調子を崩す人もいると聞きます。集団の中で管理されることに慣れ過ぎてしまったがために、本来は持っていたはずの「個」を見失ってしまったのでしょう。

群れから離れ、孤独の中で「個」を磨く

孤独に不慣れなのは、本人が弱いせいではありません。

多くの社会が長らく、「管理」を前提とした社会システムを敷いてきたからです。

土地と戸籍を管理して、場に人を縛り付け、個人の移動を制約した近代の政策は、それによって戦乱を鎮めてきましたが、「自分の意思を持つよりも、お上に管理されるほうが楽《ラク》に生きられる」という「考えない個人」を増やしました。

飼い慣らされることに抵抗を感じなくなってしまったのです。

その感覚は、戦後の高度経済成長期に強烈な成功体験となった大量生産型の工業社

会にも受け継がれ、現代人の価値観のベースになっていると思われます。

しかし、これからの世界は、まったく違う価値観へ塗り替えられようとしています。国境や情報の境目はどんどんなくなり、「個」としての力を問われる時代にすでに突入しています。

今、自分が何を感じ、何をしたいと思うのか。

敏感に心の声を聞き、感性を発揮していく。

そんな生き方、働き方が、これからのスタンダードになるはずです。

自分自身の輪郭を明確に縁取るためには、群れから離れ、孤独の中で「個」を磨く時間がもっと必要なのだと、早く気づくべきです。

僕はたまたまその重要性を早くから知り、恩恵を受けてきました。

ありのままを語りましょう。

たった一人でも、新しい世界で生きていける。人間本来の適応力は逞《たくま》しい。

僕は戦時中の生まれです。

物心ついた時には、両親はそばにいませんでした。

親代わりに育ててくれたのは祖父母です。

時に厳しく、時に優しく、愛情深く接してくれた祖父母でしたが、そう長くは一緒に過ごせないとわかっていたからでしょう。

余計に僕を甘やかすようなことはしませんでした。

僕も幼いながら、その愛情の意味に気づいていたような気がします。

小学校高学年の頃に立て続けに祖父母が亡くなり、僕は祖母方の親戚の元に預けられました。

はるばる青森の弘前まで行ってみたら、ほとんど言葉が通じないことに愕然《がくぜん》としました。

通信が発達している今とは比べ物にならないほど、当時は地域ごとの言葉に違いがあり、外国に突如放り込まれたかのような感覚だったのです。

知らない土地で知らない言葉に囲まれての生活に、最初はものすごく不安を感じたのを覚えています。

しかも、頼りにしていた親戚のおばあさんも、程なくして亡くなってしまったのです。

「頼りにできる人がいつでも近くにいる」という保証はどこにもないことを、十代そこそこにして知った僕は、世間の目からすると「かわいそうな子ども」だったかもしれません。

しかし、子どもの柔軟性というのはすごいもので、僕はいつの間にか新しい環境に溶け込んでいきました。

一つには、野球を通じて友達をつくりやすかったことがあります。

野球でナイスプレーを繰り出せば、自然と声をかけ合うコミュニケーションが生まれたのです。スポーツの良さだと思います。

このことから次第に、僕は新しい人生をいろいろな面に広げ、全身で楽しむ日々を送っていきました。

どんな状況でも、孤独から始められる

たった一人でも、新しい世界で生きることはできるんだ――。

この体感が、僕の孤独力を養ったような気がします。

現に、大人になって仕事を始めてからも、行ったことのない街や国で新しいことを始めることになんの抵抗もなく、むしろ新しい自分に出会う楽しみにワクワクしながら、飛び出していました。

今の世の中を生きる子どもたちの姿を見ても、人間が本来持つ適応力の逞しさに気づかされることがあります。

新型コロナウイルスの影響で、「新しい生活様式によって、子どもたちの心身に悪影響が……」と慌てているのは大人たちだけなのではないかと、僕は感じるのです。なぜなら、子どもたちには「こうあるべき」と参考にするだけの過去がない。ただ目の前に広がる〝今〟を生きているから。

子どもの感性と適応力に学べば、人はどんな状況でも、孤独から始められるはずです。

この世も人も、一秒で移ろうもの。孤独の時間の中で、今に集中すればいい。

二〇二〇年に入ってから、僕はにわかに忙しくなりました。

新型コロナの影響で半世紀ぶりに日本に長期滞在することになり、やれやれと思っていた矢先、熱海に縁ができました。

それから短期間のうちにいくつかのステップを経て、昭和の時代に団体旅行の受け皿として栄えた観光都市にある老舗リゾート、ホテルニューアカオの経営再建を引き受けることに。

僕がやると決めたのは、熱海の土地そのものに宿るパワーに魅せられ、その力を信じられたからでした。

経営再建というと、数字を厳しく精査して……という手法を想像されがちですが、僕は過去の象徴である数字をほとんど見ません。

今動いているキャッシュフローは参考として見ますが、過去の業績の数字はほぼ見ないし、決断の材料にはしません。

なぜなら、過去から未来予測をしても何も意味がないと感じるからです。

データの分析で成功に導けるのであれば、極論ですが、経営トップに招聘《しょうへい》すべきはＡＩ（人工知能）が最も適任ということになります。

しかし、「今」は常に移ろうもの。

何も変わっていないように見えますが、一秒前の世界と、一秒後の世界はまったく別物なのです。

この世に生きる姿とは、高速で流れる川に浮かぶ桶《おけ》の中にいるようなもの。

桶の中の世界は静かであっても、実は周りの風景はものすごいスピードで入れ替わっている。

宇宙に生きるとは、高速の変化の中に身を委ねるということなのです。

「今、何をすべきなのか」自分の心に問う

だから、一秒前の数字でさえ、僕は疑います。

隙なく蓄積されたデータの先に、未来予測は描けないと思っています。

やるべきことはただ一つ。

自分の感性を磨き、この目に今見渡せる風景を映し、耳を澄ましてわずかな音を聴き取り、足の裏に大地の振動を感じて、自分の心に問う。

「今、何をすべきなのか？」と。

たった一人、自分で考え、決めるのです。

二〇一一年に寺田倉庫の〝中継ぎ社長〟を引き受けた時も、まったく同じような感覚で仕事をしてきました。

東京・天王洲エリアを「アートの街」としてリブランディングしようと発想したきっかけは数字ではありません。

それは、たった一人、感性を開き、今だけに集中する孤独の時間だったのです。

人間だけが持つ、普遍にして最強の力。

それは、孤独によって「個」の感性を磨き、今を起点に創造する力ではないかと、僕は思えてなりません。

実力も、特技も必要ない。孤独と弱さを認めたら、助けを得られる。

ここまでの話で、「あなたは強いから、そんなことが言えるんでしょう」と思われたかもしれません。

しかし、そんなことはありません。

僕は、むしろ弱い方の人間です。

謙遜ではなく、本当に特別な能力もなければ、「自分がこれをやった」と自慢できるほどの実績もない。

経歴だけ並べると、偉そうな肩書きがついているかもしれませんが、僕はただそこにいただけで、実際に手足を動かしたのは優秀な仲間たち。まったくもって謙遜ではありません。

僕は皆の力をもらってようやく仕事を成し得たのです。

つまり、何が言いたいかというと、弱さは強さになるということ。

僕は「一人では何もできない」と認め、周りにそれを伝えたからこそ、他者の力を集められたのです。

僕には何もない。一人では何もできない。

だから、手を貸してほしい。

素直に、正直に、そう発すれば、必ず誰かが手を貸してくれました。

孤独を認めた時、他人に助けを求めることができる

孤独を認め、たった一人で存在する頼りなさを隠さず見せることから、いつも何かが始まりました。

両親から離れて暮らす幼い僕を、「おいで」と呼んで抱き締め、放課後の教室でピアノを一緒に弾いてくれた小学校の担任の先生。

野球に明け暮れ、まともに就職活動をしないまま呆然と大学生活を過ごしていた僕に、「私の親戚に聞いてあげる」と就職先を紹介してくれた花屋のおばさん。

殺風景な寮生活にせめて一筋の彩りをと、毎日の練習帰りに花を一輪、買い続けた僕を気遣ってくれたのです。

花の美しさを教えてくれたのは、祖母。僕が中学に入る前に他界してしまった、お

ばあちゃんでした。

祖母は僕の将来の孤独を案じてか、花を通じて四季の豊かさを愛でる目を養ってくれました。


大人になってから、初めての海外赴任、昭和四十年代の香港でも、人の情けに助けられました。

ただでさえ物価が高いのに、当時の送金事情では給料の着金が数日ずれるのは当たり前。よって、月末になると、生活に困窮していた僕に寝床を与えてくれた彼女がいなければ、僕の今はありません。


依存はよくない。

けれど、困ったときに他人に助けを求める力は命をつなぎます。

「一人だけで大丈夫」と強がっている場合ではない。

自分が無力で、孤独な存在であると、認めることから始まるのです。

成功とは何か、幸せとは何か。生き方で、自分を示す。

孤独を不安に感じる自分を恥じることはありません。
単に、慣れていないから不安に感じるだけなのです。
日本は明治以来、「富国強兵」の名のもとに、国家による統制を強めてきました。
要は、統治に都合がいいように、管理しやすい制度をつくり、その制度に従順な国民と軍隊を育ててきたのです。

日本列島の地図を眺めてみてください。

三千キロメートルに渡る東西南北津々浦々、地域ごとに特色のある多様な文化が、かつてこの島国には息づいていました。

それを一つにまとめることで富国強兵を達成しようと、中央政権が力を持ち、現代に至るまで、管理しやすい国民を量産してきたのです。

長い時間をかけて何代にもわたり染み付いた〝守られ癖〟は、なかなか抜けないでしょう。

けれど、皆が皆、「管理されて、ウレシイ」なんて思っているわけがない。

本当は無理をして自分を納得させて、管理を受け入れてきた人も多い。

では、なぜ納得できたか。

そこに経済合理性があったからです。

完璧に管理され、一分《いちぶ》の誤差もなく大量生産を繰り返し、規格を守る。

そして、良いものを安く売る。

そんな弱者の戦法によって、日本人は焼け野原から再興し高層ビルの街並みへと発展。たった二十数年で世界第二位の経済大国にまで成り上がったのです。


これは強烈な成功体験でした。

ゆえに、これ以外の勝ち方を選ぶことすらしてこなかった。


この百五十年間、日本人は経済的成功のため、明日の豊かさのために、本来は自分の心の中にあったはずの素直な欲求や願いをしまい込み、「我慢こそ美徳だ」と集団の一部として染まることを賞賛してきたのです。

一人ひとりの「個」が価値を生む時代

しかしながら、時代は変わりました。

これからは、一人ひとりの「個」の感性から価値を生み出す時代。

自分の「個」、相手の「個」を同等に尊重し合う時代。

「個」を押し殺して、一枚岩でただただ大きくなっても、右肩上がりの成長は決して長続きしないと、誰もがうすうす気づいているはずです。


ようやく、心に問う時代がきました。

自分の求める成功とは何か。

本当につかみたい幸せは何なのか。

静かに見つめ直し、明確に自分の「個」を示していく。

そこに勝ち負けはないと思います。穏やかに、やさしく行動を起こせばいいのです。

孤独とわがままは違う。適度な距離感で、多様な他者を理解する。

孤独に生きよ、と言うと、時々こんな反論が返ってくることがあります。

「わがままな人が増えたら困ります」

これは、大きな誤解。


僕が言う孤独とは、考え方の違う他者を排除する態度とはまったく違います。

むしろ、一人の時間を愛し、自分が大切な「個」を保とうとするからこそ、他者の「個」も尊重できるのです。

僕は、真の社会性とは、いろいろな他者に対する理解を深められる姿勢だととらえています。

自分とは違う境遇の人の思いに寄り添って、そのまま受け入れられるかどうか。

例えば、コロナ禍で収入を失い、生活に苦しむ方が、今どんな思いでいるのか。

自分がやれることを想像するだけで、自然と身体が動いてしまう。

これが本当の社会性というものではないでしょうか。

「空気を読む」とか「忖度《そんたく》する」とか「規律を乱さない」とか、過剰に他者に合わせられる資質を社会性と呼ぶのはおかしい。

自分とは違う、異質の「個」を理解しようと心を開き、受け入れられる人こそ、社会性のある人だと思います。

適度な距離感で、互いの孤独を尊重し合う

自分の「個」を大事にする。

他人の「個」も認める。

この関係になるには、適度な距離感が必要だと思います。


密着し過ぎると、お互いの姿が見えないでしょう。

どんな色、形をしているかがわからない。

「僕と君は一心同体。何も言わなくてもわかるだろう」なんて、傲慢でしかない。

相手を理解しよう、尊重しようという気持ちがなくなったら、人はどこまでも自分本位に、わがままになっていきます。


離れてこそわかる、お互いの色や形、そして行動の癖。

君はそうなんだね。
僕はこうなんだよ。
そんな対話ができるのは、孤独になれる者同士。
「わがまま」とは、むしろ対極にある。
僕はそう思います。

「消耗しない生き方」というアジア人の知恵。強さを求めず、飄々《ひょうひょう》と、しなやかに。

本当は人類の中でも、アジア人はとりわけ心の孤独に強い資質を持っているのではないか。

そんな仮説を僕は持っています。

アフリカ大陸で人類が誕生し、より豊かな場所を求めて北上していった。

その過程の生存競争で、強者だけが残り、弱者は生き延びるために逃げるしかなかった。

小柄で力のない弱者はどんどん遠くへ逃げていった。

陸地が続く限り、端の端まで逃げていった。

それがアジアという場所だったのではないかと。


アジア人は欧米人と比べると小柄で華奢なのは、弱者だったから。

アジアは弱者がたどり着いた楽園だったのです。

そして築いた社会の中では、お互いに弱い者同士とわかっているから、余計なエネルギーを消耗せずに生きようとしてきた。

筋肉を肥大化させるような発想はなく、少ない穀物と野菜だけでもエネルギーが満ち足りるような身体と生活のリズムを維持してきた。

暑ければ風通しの良い格好をし、無理をせず、力を抜いて、飄々と。

植物でたとえるならば、ススキのように。

自然体のまま、ススキのように生きる

僕は、ススキのように生きたい。

一本一本は弱々しいけれど、天に向かってスッと伸び、しかし、頑《かたく》なじゃない。右に左に、自由になって風を受けて、大風に襲われようとも決して折れない。

単体で見れば地味で派手さはないけれど、ススキが集まり野原になると、途端に迫力を増す。

一面のススキ野原は、圧倒的な華やかさを放つ。

そこに風が吹けば、一面のススキが風の形のままに波打って、風がやめば元の姿になる。

ススキは、〝風を見せる〟植物なのです。

一本で迫力のある大木にはなれないけれど、雷に打たれて割れるようなこともない。

踏ん張らず、消耗を避け、風を受け入れ、美しく生きる。
そんな強さを、僕たちアジア人はもともと持っているはずです。

何も頑張る必要はない。
ただ、自然体の生き方を、取り戻せばいいだけなのです。

2章● 孤独を力に「個」として自立する

他人の評価に左右されない。自分が最優先する気持ちを大切に。

僕が孤独を味方につけ、それを力に変えるようになったルーツを考えると、やはり「褒めてくれる親がそばにいなかった」幼少期が強く影響しているようです。

小学校高学年まで僕を育ててくれた祖父母も愛情を注いでくれましたが、やはり親との関わりとは違っていたと思います。

祖父母は歳を取っていたから、運動会や野球の試合の応援にはなかなか来られなくて、僕はひとりぼっち。

「一等賞、よかったね！」とお母さんに褒めてもらえる周りの友達を見て、自分とは境遇が違うなと感じていました。

けれど、それを羨《うらや》ましいと思ったり、まぶしく見えたりして卑屈になるようなことは不思議とありませんでした。

きっと祖父母や先生など、周りの大人たちからの愛情を十分に感じていたのでしょう。

だんだんと僕は、「誰かに褒められなくてもいいや」と考える、他人の評価に左右されない気質を持つ少年へと育っていったのです。

象徴的なのは、所属していた少年野球チームでの出来事です。

五年生の後半で出場した試合、一塁にランナーが出ているシーンでした。

さあ、打ってやるぞと意気揚々と打席に立った僕に対して、監督が出したサインは「バント」。

どうして？　ここでバントをやる意味は？　僕は打つぞ！

そうしてサインを無視してバットを思い切り振った結果は三振。

「お前、どうしてサインに従わなかったんだ！」

監督から激怒され、以後、六年生の最後まで試合に出してはもらえませんでした。

自分が最優先する気持ちからブレない

けれど、僕はそれでも別にいいやと納得していました。

自分が納得できない指示に従って試合に出るくらいなら、ベンチで代打の出番を待つほうを選ぶぞ、と。

決して強がりではありませんでした。

なぜなら、僕は「レギュラーになるため」に野球をやっているわけじゃない。

野球が大好きで、野球が楽しいから続けているのだという気持ちはまったくブレませんでした。

野球が好きだから、ただ野球ができるだけで嬉しい。

できればチームを盛り上げるプレーをして勝てればもっと嬉しい。

ついでに試合に毎回出られたらさらに嬉しい。

レギュラーになれることは、希望の三番目くらいであって、最優先事項ではなかった。

だから、この出来事が起きた後も変わらずチームに所属し、淡々と野球を楽しんでいたのです。

小さな頃から孤独な境遇にあって、だからこそ「個」の力を早くから鍛えることができたのかもしれません。

一致団結は本当に必要か。自分で考え、「個」の力を発揮する。

若い頃から外国で働き、暮らし、長い時間を過ごした僕は感じます。日本は「集団に自分を合わせること」が過剰に評価される国だなぁと。「一致団結」や「一枚岩」という言葉が、日本ほどいろいろな場面で使われる国はないと思います。

昔はそれでうまくいったかもしれません。

しかし、今はどうでしょう?

世の中の、世界の状況を見渡して、果たして「一致団結」のみが本当に大事にすべきことなのかと考えたほうがいい。

同様に、よく聞かれる言葉に「For the team」や「One team」という言葉があります。

チームのために、一丸となって。

それだけで、本当に結果は出ると言えるのでしょうか。

僕は、このスローガンは強い「個」が寄り集まった自律的な集団という条件のもとで、効くのではないかと思います。

「個」がまだ育っていない状態で、このスローガンを強調してしまうと、何もしない受動的な人間がその中に紛れ込むような気がしてなりません。

どこでもむやみに「チームのために」を連呼し過ぎると、「個」で勝負して、一人の力を発揮するための修練の機会を奪ってしまうのではないかと危惧しているのです。「個」として自分の意思を見つめるよりも先に、チームの意思（すなわち上に立つ者の指示命令）に従うことをよしとする文化を美化することに、僕は疑問があります。

少なくとも、僕は心地良いとは感じません。

そのような環境は避けようとするでしょう。

自分で考え、行動し、結果を引き受ける

大人になってからも思い出す、祖父の教えがあります。

祖父は幼い僕に繰り返し、「言い訳をするな」と教育していました。

「学校の先生がこう言ったから」

「監督にこうしろと教わったから」

「友達の○○君が悪いから」

そんな言い訳をしようものなら、祖父は僕を厳しく叱りました。

「うまくいかないときばかり人のせいにして。自分が責任をもって行動しなかったから悪いんだ。絶対に人のせいにするな」

今の結果は、すべて自分の意思と行動によるもの。

お釈迦様は「因果応報」とおっしゃった、と刷り込まれました。

僕は今、この教えにとても感謝をしています。

自分で考え、自分で行動し、自分でその結果を引き受ける。

その覚悟ができた先に、のびのびと「個」の力が花開く可能性が広がるのでしょう。

最高に楽しめる、喜びの一瞬はどこにあるか。自分の心に聞き、そのために生きる。

孤独を力に変えるとは、どういうことなのか。
もう少し、僕のイメージを述べさせてください。

孤独の力とは、自分の内面に正直になることから始まります。
世間がどうとか、上司がどうとか、家族がどうとか、自分以外の声に振り回されずに、心の声を聞く。

じっと耳を澄ましていると、明確にわかるはずです。

自分の心が、どんなときに歓喜の声をあげているのかが。

僕の場合は、結果を出す瞬間よりも、ゼロからイチを生み出すプロセスに、自分の心が喜びを感じるのだと知っています。

誰もやったことのないプロジェクトに向かって皆で動き出そうというとき、「あれはどうだ」「これもやってみようか」「いや、そうじゃないだろう」と、エネルギーとアイディアを発散しながら、ぐんと大きく舵を切るような。

そんな時間に没頭している自分が、一番イキイキとしています。

未来に希望を持ち、自分自身に期待し、仲間にも期待をして、「さあ、いくぞ！」というとき。

野球でたとえるなら、自分の打順が回ってきて、ウェイティングサークルからバッターボックスへと向かっていく瞬間が、最高に興奮します。

一歩一歩、踏み出すたびに胸が高鳴り、高揚する。

数時間かかる試合のうち、数十秒にも満たないわずかな時間です。

しかも、いざ打席でバットを振っても、打てて三割。

十回中七回は失敗します。

それでも、また次の打席でワクワクする。

自分に期待をかけられる瞬間が、僕の心が一番喜ぶ時です。

心が喜ぶことに、自分を向かわせる

僕はこの喜びを味わうためなら、一生懸命になれるし、努力を厭《いと》わない。

何より心から楽しめる。

誰かにやらされているのではなく、自分の内側にある心が喜ぶからやる。
この時に発揮されるパワーが、本当の力量ではないかと思うのです。
何も考えずに済むことで楽《ラク》をしてしまうのではなく、本物の楽しむ気持ちを求める。
それによって、期待にも応えられる。
それができるのも、「個」に向き合ってこそなのです。

異質な自分を知り、堂々と世に触れる。大人こそ、長旅をすればいい。

孤独に慣れる。

それは、〝異質な自分〟に出会うことから始まるのかもしれません。

つまり、周りと似通った同質性の高いカルチャーから離れて、たった一人の〝異邦人〟になってみることです。

僕は久保田早紀さんが歌う『異邦人』という曲が好きで、あの曲に流れているような世界観、まだ踏み入ったことのない世界に初めて身を置いたときの、頼りなくも未知の自分を信じたくなるような感情に惹かれます。

知らない場所に行くというのは、これまでいた場所ではできなかった何かができたり、新たな能力を開拓したりという「変身」のきっかけになる。

サナギが脱皮して、蝶となって羽ばたくように、自分自身を鮮やかに変えていくような気がします。

慣れ親しんできた環境を離れ、新しい場所に飛び込んでみると、常識がどんどん覆されていきます。

ある場所では良いと言われているものが、他の場所では悪いとされていたり、禁じられていたものが奨励されていたり。

ところ変われば、ルールもリセット。

「誰も自分を知らない場所ならば」と、思い切って始められる挑戦もあるでしょう。

最初は、異質であることを不安に感じるかもしれません。周りと同じじゃないと心配になったり、コンプレックスを感じたり、逆に妙な優越感を抱いたり。

異質な者同士に優劣なんてないのだから、堂々と、〝よそものの自分〟を受け入れればいい。異質であることを誇りとして、その環境の中で役立とうとすれば、際立つ存在になれるのです。

異邦人として時間を過ごす

また、〝異質な自分〟になる体験は、変わる勇気を後押ししてくれます。

子どもの頃に突如転居した先の弘前、伊勢丹時代に赴任した香港、そして鈴屋の頃に行ったパリやニューヨーク、会社を辞めて勢いで移り住んだ台湾。

僕は何度も異邦人として生き、その都度、新しい自分へと生まれ変われたような気がしました。

きっかけとなるのは、環境の力です。

サナギから蝶へと脱皮をするきっかけは、外気の温度の変化なのだそうです。季節が変わり、気温が上がることで、蝶へと変貌を遂げる。


ここで僕から提案です。

大人こそ、バックパッカーのような身軽な長旅をしようではありませんか。

自由に世界を歩ける日がきたら、最低でも一カ月、できれば一年、休みを取って見知らぬ土地を旅してみてください。

外国でアルバイトを探して、稼ぐことにトライするのもいい。

異邦人として見られる時間をゆっくりと過ごすことで、自分自身の「個」の輪郭が浮き上がってくるはずです。

十年に一度は、バックパッカーになりませんか……。

会って十秒で人を信じられるか。目の前の「個」との対話から始めよう。

自分の「個」を開けば、相手も「個」を開いてくれる。
僕にはそんな実感があります。

殻に閉じこもるのではなく、自分をオープンにさらけ出す。
素直な言葉で、相手に語りかける。

初めて会った相手でも、目を合わせて、一言二言会話をすれば、なんとなくの肌感覚で信用していい人かどうかはわかるでしょう。

会って十秒で信じる。

それがスタートです。


自分が信じなければ、相手も信じてくれない。

ビジネスだって、目の前の人を信じることから始まるもの。

逆にいうと、いつまで経ってもビジネスを進められない人は、目の前の他人を信じることができない人なのではないでしょうか。

もしうまくいかなくても、次を探せばいい。

チャンスは必ずくる。自分を信じましょう。

目の前の他人を信じることができれば、そこに対話が生まれます。

対話ができれば、一人では決して成し遂げられない大きなチャレンジも可能になります。

天王洲や熱海でエリア活性化に着手しようという時、僕は必ず「対話」から始めてきました。

そこに長く暮らす人たちと顔を合わせて、いろんなことを質問して、話を聞くのです。

縁あって、ホテルニューアカオの経営に参加することになってから、隔週でずっと続けているのが、「熱海の市民と語る会」。

毎回違う三十人ほどのメンバーで、商工会やマンションの自治会の方々、神社の宮司さんといった地元の住民の皆さんと、対話を重ねる時間です。

一方的な話をして、形ばかりの意見交換をするのではなくて、これからの街の姿はどうあればいいのかという理想を共に描き、問題意識を分かち合っているのです。

「個」を認め合うコミュニケーションから始める

丁寧に、一人ひとりの「個」と向き合い、声を聞く。

これが大きな仕事を進める上ではとても大切です。

その時、僕自身もたった一人の「個」として参加します。

大きな組織の一部になった得体の知れない人物としてではなく、名前のついた一人の「個」として、そこにいようとする。

すると、何が歓迎されていて、何に不満を持たれているのか、相手の考えを正確につかめるのです。

「個」を見ようともせずに、無理矢理巻き込もうとしたり、押し付けようとしたりしても、うまくいくはずがないのです。

すべては「個」を認め合うコミュニケーションから、始まります。

人生には、成功も失敗もない。振り返らず、前に進めばいい。

二〇二〇年以降のこれから数十年間、歴史的に見ても、世界は大転換期を迎えたと言えるでしょう。

地球を襲ったパンデミックによって、人は移動を制限され、働き方や学び方の変更を余儀なくされ、かつ人間が生きるためには限界を迎えた地球環境の中で、すでに錆び付いていた古い価値観や生活様式は一掃されようとしています。

職を失い、身内を亡くし、深く傷ついた人もいるでしょう。

決していい出来事だったとは言えませんが、人類が非常に深い学びを得たことは確かです。

また、ここから「新しい社会」をつくれるのかという大きな試練の中に、僕たちはいます。

「元に戻ろう」なんて足掻《あが》くのはナンセンス。

惰性で続けていただけの無駄な慣習や、肥大化したシステムや思い込みを全部片付けて、整理する機会として活用しない手はありません。

ここから、生き方は大きく二つに分かれます。

後ろを振り返るか、前へ進むかです。

僕はもちろん後者を選びます。

そして、後者を選んだ人たちと生きていきたい。

希望を感じるのは、若い人たちの姿です。

彼ら彼女らは、常に新しいものを敏感に嗅ぎ取るセンサーを働かせ、未来に向かって進んでいます。

人生には失敗も成功も存在しない

見たこともない、経験したこともない時代へと飛び込むことを、不安に感じる人もいるでしょう。

でも、怖いと思う理由はなんでしょうか。

「失敗」することが怖いのだとしたら、こう考えてみるといいかもしれません。

そもそも人生における失敗など存在しない。

成功さえも確定しない。

瞬間的にうまくいくことや、つまずくことはあるけれど、人生の長い時間をトータルで眺めれば、わずかな誤差でしかない。

よかったり、悪かったり、その繰り返し。

だから、僕はいつも言うんです。

「〝死ぬ十秒前〟に穏やかに笑うことができれば御の字だよね」と。

実際、派手な失敗をしたにもかかわらず、なんだか楽しそうに生きている人はたくさんいるではありませんか。

間違いや、つまずきもなんでもありだと、どっしりと構えてみる。

そして、今起きている大転換の流れに乗って、新しい生き方に挑んでみる。

誰もが生き方を変えられるチャンスの上に立っているのです。

3章● 孤独が仕事の武器になる

自分にも相手にも、百点は求めない。六十五点で、余白を分け合えばいい。

孤独を目指す生き方は、自分が完璧でなければいけないという意味ではありません。

足りないままでいい。

欠けていたっていい。

百点満点のパーフェクトに整える必要はなくて、スカスカの六十五点で十分だと思います。

そして、相手にも百点を求めない。

お互いに六十五点くらいでいい。

平均よりもちょっといいくらいの強みを持ち寄って、違う個性を組み合わせてから、一緒に役割分担をして一つのことを成し遂げられたらいい。


これからは、そんな物事の成し遂げ方が主流になるはず。

なぜなら、そのほうがずっと効率的で、効果的だからです。

例えば、「同じ部門の売り上げは、毎年同じやり方を踏襲し、工夫を積み上げながら十パーセントずつ高めれば十年後も安泰」なんてあぐらをかけたのはとうの昔。

今は、「これさえ目指せばいい」という正解がない時代です。

たった一つの目標に全力で向かったところで、環境がちょっと変われば、前提は崩れます。

つまり、完璧に準備することが割に合わない時代になったと思うのです。

それに何より、僕は「完成させる」のが好きじゃない。

嫌いというより、居心地が悪い。

不完全なまま、感じるままに、形を自由に変えていく。

しなやかさこそが、強さなのだと、僕は信じているのです。

六十五点の不完全な能力を補い合う

しなやかさとはつまり、いつでも形を変えたり、新しいものを取り入れたりできる「余白」を持つこと。

余白があれば、他人とも交われる。

お互いに期待をかけ合いながら、六十五点の不完全な能力を交換していく。

そんなイメージで何事も臨めば、気負わず、流れに逆らわず、どんな相手とも組んで、新しい何かを生み出すことができると思います。

三十点や四十点の落第点ではないから、一人でもなんとかできるギリギリの線が六十五点。

でも、残りの三十五点を誰かと補い合えば、もっとよくなる。

そんな絶妙なバランスで、「個」の力を磨いていきたいものです。

仕事は、目の前の一人のために。心を込めて、喜ばれる付加価値をつける。

ものを売るときの考え方も、「個」に立ち返るべきです。

つい「より多くを、よりたくさんの人に」と求めがちですが、それは本当に誰かを喜ばせているのか、常に問うべきです。

ものをつくって売る、買ってもらうという関係性は、たった一人の相手と向き合うことから始まります。

百人、千人に受け入れられようなんて、最初から思わないこと。

たった一人を喜ばせることから始まる。

それが二人、三人となって、やがて広がっていくんです。

そして、もう一人、自分も加えること。

この感覚を持ち続けることが重要です。


街で繁盛しているラーメン店の店主が、開店初日から「一日千杯売ろう」なんて考えていたでしょうか。

いえ、「まずは一人目のお客さんに喜んでもらおう」と、心を込めて一杯のラーメンをつくったはずです。その気持ちをいつの間にか忘れてしまって、繁盛するほどにお客さんを数字でカウントするようになってしまう。

自分の力量以上に支店を増やして、オペレーションに追われるだけの日々になって、いざ、非常事態になると苦しくなる。

大きくなることが悪いとは言いません。

ただし、自分の心をかけられる身の丈《たけ》の勘定を間違ってはいけない。

コロナ禍の状況は、身の丈で、目の前の人のために仕事をするという本質に気づかせてくれたとも言えます。

とっておきの一個に付加価値をつける

「不特定多数に向けて、大量に回す」というオペレーション能力ばかりが評価される時代は終焉《しゅうえん》を迎えるでしょう。

調査と統計という数字のバケモノで、「個」を見失った商売をよしとしたことが、デフレの元凶だったと僕は思います。

これからは、百個つくって一個百円で売るのではなく、十個つくって一個千円で買ってもらう。少人数の人に確実に喜ばれる付加価値をつけて、正当な値付けをして稼ぐのが正解です。

「安売りされても仕方がない」という量販だけに目が向いた仕事を、自分に許してはいけません。

それに、付加価値をつけて少なくつくるほうが、時間のゆとりもできる。

すると、もっとクリエイティブな発想が生まれる。

いいものが生まれる循環が回り始めるのです。

これからのビジネスは「個」から始まる。

そこに「個」がなければ、生き残れない。

そんな仕事を成すためには、まず自分自身が孤独の力を身につけて、「個」という存在であること。

ビジネススキルとして身につけるべき一番目はこれです。

とにかく、オンリーワンを目指しましょう。

自分に嘘をつかず、忖度《そんたく》しない。違和感に気づいたら、すぐ修正する。

僕はいつでも自分の気持ちに正直でありたいと思っています。濁りなく、清らかに、その瞬間瞬間を楽しんで、命を注ぎたいのです。

だから、少しでも心が曇るような違和感を察知したら、どんな方との約束も「今日はごめんなさい」と断ります。

実際、著名人から依頼があった講演会をすっぽかしてしまったことがあります。

半年前から依頼をもらって予定はしていたのですが、その日が近づくにつれて、その講演が非常に高額な参加費を取るのだと聞いて、「僕にはそんな価値のある話ができるほどの中身はないから」と断ったんです。

どうしても気持ちが乗らないから、そんな状態で行くべきじゃないと駄々をこねたんです。

自分でも子どもみたいだなと思うけれど、誰にも忖度しない純粋な子どもの感覚こそが、孤独力の極みかもしれません。

直前で辞退の連絡を受けた先方は、困ったやつだと思ったでしょう。

完全に穴を開けるのは申し訳ないから、3Dプリンターで作った僕そっくりの人形を周囲の人たちに持っていってもらって、僕の悪口を散々披露する方針に変えました。

それなりに面白い反応があったそうです。

今やるべきことのため、すぐに修正する

つい先程も、数時間後のミーティングのメンバーを変更したばかりです。

出席者は、重要な取引先のトップと、我が社のメンバー四人。

これから大きなプロジェクトを進めるにあたって、じっくり話しましょうと約束をした時間です。

ふと気になって、「何人来るの?」と秘書に聞きました。

すると、先方は二人だけなのに、うちからは四人も出るという。

それはちょっと変だろう。

今日は僕と相手の方とで信頼を深める時間であって、入れ替わり立ち替わりプレゼンするような時間ではないはずだと思い、すぐに電話をかけ、社内の数人のメンバーには「来なくていい」と言いました。

いろいろと準備をしていた様子で戸惑っていましたが、どれだけ準備をしたかなんて関係ない。

今、何をする時間なのか。

意味を問い、間違いだと気づいたら、すぐに修正する。

惰性で相手を拘束するよりも、そのほうがずっと誠実だと思います。

予定通りの決めごとは、つまらない。顔を合わせてから、決めればいい。

講演の話のついでに続けると、僕は人前で話をするときには、最初から「お題」を決められるのが何より嫌い。

「話のお題を先に決めないと始められません」なんて強く言ってくるところは、こちらから願い下げです。僕流を感じてほしいのです。

なぜなら、その日に話したいことは、その日、その時、その場所に集まった人たちと顔を合わせて、目を見て初めて決まるから。

わずかな瞳の動きや、頬の力の入り具合をパッと観察して、「こんな話をしたら喜んでもらえそうかな」とアドリブで話し始めるのが僕のスタイル。

そのほうがずっと面白い話ができるし、皆さんも楽しんで帰ってくれる。

予定通りの決めごとを話しに行ったって、つまらないじゃないですか。

思い返せば、四十七歳で台湾に渡り、次の仕事を見つけたのも、即興で話したことがきっかけでした。

日本のファッション文化を築いた会社、鈴屋の成長期にたくさん面白い仕事をさせてもらい、充実した時間の中で鈴屋を去る時がきたのです。

その後、たまたまトランジットで降り立った台湾の空気が気に入って、そのまま住み着くことになったという次第は、前著『ぜんぶ、すてれば』でも書きました。

街歩きをしていてふらりと入った建物が台湾政府の経済部で、たまたま通りかかった女性（後に要職の方だったとわかりました）に助けられて紹介されたのが、台湾の中小企業経営者にビジネスの方向を教える講師の仕事。

突然「教授」と呼ばれ、週五日、毎日四コマの講義を持つことになったのですが、この時も、話す内容は毎日即興。

テキストなし、シナリオなしで、ものづくりや流通、組織運営、歴史や文化など好きなように織り交ぜて、誰よりも僕が面白がって話をしていました。

これが好評を呼び、生徒が増え、熱心な生徒の一人から「うちの会社の顧問になってほしい」と声がかかって最初に関わることになったのが、台湾の大手財閥系コングロマリット、中国力覇集団。その後、遠東集団に移りました。

いずれも経営陣の一人として迎えられ、ダイナミックな新規事業開発に挑戦できたのは、とてもやりがいのある、ありがたい機会でした。

どう見られようが素《す》の自分のまま生きる

事前に決めることを嫌がり、自分で決めたことさえ躊躇《ちゅうちょ》なく変える。

僕の即興気質をよく知っている友人で建築家の隈研吾《くまけんご》さんは、「中野さんは感性の人ですね」なんて笑う。

そんな僕は、隈研吾さんとの仕事を楽しみ、大切にしています。


人生はジャズセッション。

どう見られようが、本当に大事なことを見失わない。

自分の素《す》のままに生きられる孤独力が、軽やかな即興力の源になっているように思います。

できることは、自分でやる。
できないことは、分担する。

孤独上手は頼り上手。
一見、矛盾するようで、必須の流儀です。
頼るといっても、なんでも他人任せという意味ではありません。
自分でできることは、自分でやる。

当たり前だけれど、これが基本です。

案外、この基本が歳を取るとできなくなる人が多いような気がします。

「あいつは役に立たないな。このくらいのこともできないなんて」と文句を言うくらいなら、自分で動けばいい。

「自分がやったほうが早いし、うまい」

本当にそう思って苛立つくらいなら、引き取っちゃえばいいじゃない。

文句を言いたくなる気分になるほうが僕は嫌だから、それがたとえその人の仕事の範疇《はんちゅう》だったとしても、勝手に自分でやってしまいます。

もちろん、プロの領域を邪魔したり、教育の機会を阻んだりしてはいけないけれど。どっちがやっても構わないというときなら、早くうまくできるほうがやればいい。

例えば、僕が週に何度か、掃除や食事の準備をお願いしている方がいます。手際良く部屋を整えてくれて人柄もいい。すごく信頼しているけれど、彼女は片付けが僕ほどは得意じゃない。

僕はこれでいて、結構几帳面な方なんです。

モノの配置を整えたり、クローゼットの中を整理するのは、僕のほうが得意。

だから、自分でやる。

「ちゃんとやってくださいよ」なんて、彼女に言うのは野暮でしょう。

彼女は手際よく数日分の惣菜を作ったり、掃除をしてくれるのだから、それで十分、ありがたい。

得意不得意が違う人同士、役割分担する

これからは、老若男女、年齢にかかわらず単身世帯が増え、家族以外の誰かの力を借りて生活する人は増えるはずです。

大事なのは、「お互いに気持ちよく、役割分担をする」という構え。

得意不得意が違う人と出会ったら、むしろ喜ぶべきです。

人間の体もそうでしょう。
脳、心臓、胃腸、血管、手、足、歯。
役割がみんな違って、組み合わさって、初めて一つの体《からだ》を成す。
血管より心臓がえらい、なんてことはない。
どれもそれぞれに、生命に欠かせないものですよね。

人間の関係も、そのようなものではないでしょうか。

本気になるのは、一年のうち十時間。それ以外は、力を抜いて素《す》のままに。

「個」の力を生かして仕事を成すには、ここぞというときに、自分の意思を明確に示すことが大事になります。

といっても、毎日二十四時間、頑張る必要はありません。

絶対にこだわりたいところだけ凄みを見せて、それ以外は力を抜く。

緩急というか強弱というか、メリハリを利かせて相手に自分を見せるのがいいのではないかと思います。

僕の場合は、せいぜい十時間。
年間で十時間くらいしか、本気でギラッとした自分を出すことはない。
その時、相手の目から視線を逸らさず、譲れない一点を伝えることに集中する。
プレゼンはせいぜい三十分で終わるから、三十分×二十回で十時間。
年に二十回も本気でプレゼンすれば、大抵のことはうまく進みます。

二十回のうち三回くらいは、社内のメンバーに対して使います。
本気で何かを伝える必要があるときに、僕も真剣に向き合うんです。

そこで伝えるのは言葉だけじゃない。
目の力で、声の高低で、体の動きで、全身を使って伝えます。

相当のエネルギーを使うから、頻繁にはできません。

たまにやるから、相手にも本気が伝わるのだと思います。

譲れないところ以外は、力を抜く

年十時間を除く他の時間は、力を抜きます。

隠さず素《す》を見せることで、安心してもらう。

安心どころか、「この人、大丈夫なのか」と心配されるくらいがいいんですよ。

譲れないところ以外は「僕はこだわりません」と伝えたほうがいい。

そのほうが相手も参加できる余白が生まれるし、どう関わっていいかを理解しやすいでしょう。


ギャップを見せるのがかえっていいという理由もあるけれど、その前に僕はそもそも自分を大した人間じゃないと思っているから、この程度しかできないんです。

年間二十回、何に本気になりたいか。

それを考えてみるだけでも、自分が本当に成し遂げたいことが見えてくるかもしれません。

目標は追わない、計画も見ない。誰の目も気にせず、今の答えを出す。

組織で何かを成し遂げようとするときに、必ずと言っていいほど求められるのが「目標」や「計画」です。

僕はほとんど目標を掲げません。

計画も立てない。

人を動かすための言語として、便宜上つくったとしても、僕自身がその計画に従うことはない。

「今日これをやると決めたのに」と自分や他人を責めることに、どれだけ意味があるのか。

今できるところまで、精一杯やればいい。

自分に与えられた時間を過剰に信用しないことです。

なぜなら、一秒前はすでに過去。

鳥はすでに飛び立ち、花が散るのに十分な時間です。

肉体もわずかに衰えています。

三年前に何を考えていたか、正確に思い出せる人はどれほどいるでしょうか。

思い出したところで、三年の月日の中で意味がなくなっているかもしれません。

高速で移りゆく人間とこの世で、「いつまでに何をする」と決めることはナンセンスです。

見つめるべきは、今、この瞬間です。
今、目に見えている風景からすべてを決めることです。

未達でも落ち込まず、達成も過剰に喜ばない

目標にも、とらわれ過ぎてはいけません。
時々目を閉じて、こうありたいと描く未来の絵を想像するのはいいでしょう。
でも、その絵も描くたびに姿を変えていいのです。
「あの目標を決めたから」と自分で自分をがんじがらめにしないように。

そもそも、人間という生物の命に、あらかじめ決められるゴールなんてない。
自分がいつまで生きられるか、誰にもわかりません。
だから、いつ達成するかなんて決められるわけがない。

つまり、ゴールを決めることは生物として矛盾したプレッシャーを浴び続けることになる。

生命のあり方を考えたら、ゴール設定そのものが非常に不自然な無理を強いることなのだとわかります。

ある種の諦観に立って、「今この瞬間にできるところまで精一杯やってみよう」と受け入れるほうが、かえって勇気が湧きませんか。

未達で落ち込むこともなければ、達成を過剰に喜ぶこともない。

僕はずっとそんなそよぎの中にいます。

4章● リーダーの孤独を乗り越える

リーダーの仕事は、即断即決。そして「責任は取るから大丈夫」の一言。

「リーダーの仕事とは何か？」と聞かれたら、「早く決めること」といつも答えています。

組織を構成するメンバーにはそれぞれに役割があって、リーダーの役割は「決断」。

そして、その決断は早ければ早いほうがいい。

僕は自分自身がせっかちだから、人を待たせるのも好きじゃない。

リーダーが早く決断すれば、それだけ現場で手を動かす人たちが仕事に魂を込められる。

時間をつくることが一番の貢献だと思う。

といっても、僕の場合はすぐに気が変わるから、自分が決めたことを覆すこともしょっちゅうだけれど。

「やっぱりね。中野さんの気が変わるだろうと思ったから、ちょっと様子を見ていました」なんて、社員のほうが一枚上手だったりしてね。

それからもう一つ、大事なリーダーの仕事。

仕事を任せるときに、「最後は僕が責任を取るから」と言い切ること。

これは、人を動かす魔法の言葉です。

責任を取るなんて、怖くて言えない方もいるでしょうが、本当のところ責任なんてどうやって取ればいいのでしょう。

降格、減俸になるのは構わないけれど、仕事の損失そのものを埋めることなんて、誰もできることではないのです。

ただ「思い切ってやっていい」と背中を押すエールとして、不安をなくすためにこの言葉を使うだけ。

すると安心して、担当者は仕事に取りかかれる。

非常時こそ決断のスピードが命

つい最近も、決断のスピードにこだわった出来事がありました。

二〇二一年七月、静岡県熱海市を襲った大雨による土砂災害。

僕はホテルニューアカオの経営に関わり始めて半年も経っていなかったけれど、災害発生の数時間後には炊き出しや宿泊提供などの支援を決断して、発表してもらいました。

費用がどうのとかは関係なく、スピードが命。

近隣のホテルや組合はいろいろと相談していたようですが、僕は非常時には特に早く決断することが重要だと考えたのです。

地元の人にはとても喜ばれました。

この時に即断した第一義はもちろん地域への貢献でしたが、支援を最優先に行動することで、長期的な信用を地域から得られると考えたのです。

信用がたまれば、今後大きなチャレンジをするときにも、地域の協力理解を集めやすくなる。

リーダーが早く決めることによるインパクトは思った以上に大きいのです。

スピーディーに、パワフルに、フレキシブルに。今、この時、この場所で、何をすべきか判断する。

熱海の土砂災害に際しては、命と生活に関わる支援策を講じた後、すぐに「復興」へと舵を切りました。

地元の重要な観光行事になっていた花火大会が「鎮魂」を理由に中止になったと聞き、ホテルニューアカオのプライベートビーチで開催するイベントは「やる」と即決しました。

亡くなった方、財産を失った方に想いを寄せることは、もちろん大切です。

しかしながら、残された僕たちがすぐさま前を向き、未来へと踏み出さなければ、生かされた命さえも死なせてしまう。

それだけはあってはいけない。

戦後の復興を体験してきた僕の肌感覚なのかもしれません。

また、十年前の東日本大震災後に、復興にすぐ向かった町と立ち止まった町とで、その後の明暗が分かれたことも知っていました。

とにかく僕はすぐに「リスタート」を宣言し、そのアクションに込めたメッセージを発信しようと決めました。

こういった決断は、誰かの指示や教科書に載っている手本に導かれてできるものではありません。

自分の心が決めるのです。

過去のしがらみを捨て、素の自分で決断する

スピーディーに、パワフルに、フレキシブルに。
僕はこの三つの力が、リーダーの決断には必要だと思います。
そして、これら三つの力を支えるのが、やはり孤独。

今、この時、この場所で、どんな行動をするべきなのか。
本当に大切なものは何なのか。

その判断をするには、日々自分の声に耳を澄ませ、アンテナを張り巡らせて、心を澄ませて、全身で受け止める。

受け止めたら、今やらなければいけないことは、すぐに行動へ移す。

その速さであり、力強さであり、柔軟さ。

決断を阻む邪念があるとしたら、それは「ここまでせっかくやってきたのに」という過去のしがらみや、これから先への心配。

そんなものはいつでも捨てていいんです。

鎧《よろい》を捨てて、裸で立つ。

孤独が決断を支えるのです。

管理はしない、期待するだけ。期待をかけてもらえたとき、人は成長する。

先にも述べたとおり、多くの人々は「管理し、管理されること」にあまりにも慣れ過ぎてしまい、居心地がいいものと思うようになってしまいました。

僕は、管理をするのもされるのも好きではありません。

仕事というものは、お互いに「期待」をかけ合うことで価値を生み出せるものだと思っています。

前の会社で給料の仕組みを見直した時にも「成果給」ではなく「期待給」という考え方を導入しました。

つまり、何か成果が出てからそのインパクトを算定して報酬に反映するのではなく、成果を出す前の期待値で給料の額を決めるのです。

「僕は君にこれだけの期待をしているから、頑張ってくれると信じている」という期待給のメッセージのほうが、はるかにやる気になると思うからです。

数カ月おきに結果を見て、もしも期待を上回るようなら、また期待給を上げます。逆に振るわない場合には下げますが、「三割以上は落とさない」というルールにしていました。

結果的に平均的には大手金融にも負けない高い給与水準になっていましたが、中には「ここではない他の場所で能力を発揮したほうがいいですね」という話し合いに至る人もいました。

転社、転職は決して悪いことではなくて、一つの組織が五年もすれば総入れ替えになってしまうくらいでちょうどいいと僕は思っています。

会社と人との出会いには相性があって、いつでも再チャレンジを応援したい。

だから、勤続一年目から退職金も出しました。

人が成長するのは、期待をかけてもらったとき

僕が相手に期待をかけるのは、僕もまた期待される人間でありたいからです。

僕自身、何か成し遂げたい夢があるわけでもありません。

その代わり、夢を持っている人を応援したい。

実現のためのステージを用意することで、「この人と一緒にいれば、やりたいことに挑戦できるかもしれない」と、僕に期待をしてほしい。

自分は誰かに期待をかけてもらっている。

もしかしたら、今よりもっとやれるかもしれない。

そんな希望が芽生えたときに、人はもっと勉強しようとするし、ぐんと成長する。

目の前の人の可能性を信じることができれば、本気で期待をかけることもそれほど難しいことではないと思っています。

リーダーは、神輿《みこし》に乗って踊るだけ。支えてくれる人たちの期待に応える。

気づけば、組織のトップと呼ばれる仕事を任せられ、その経験を何十年と積み上げてきました。

トップリーダーになりたいなんて、自分から言ったことは一度もなく、いつの間にか「やってくれない？」と頼まれてというパターンがほとんど。

しかし、リーダーというのは「自らなる」ものではなく、周りから期待されて用意された神輿の上に乗るようなもの、という気がします。

リーダーたるもの、皆の合意を形成して組織をまとめようなんて思うのは驕《おご》りです。リーダーとは、すでに思いが形成されつつある場に乗っかるものではないかと僕は思います。

それでうまくやれなくて失格の烙印を押されたとしたら、しょうがない。

いつでも神輿から降りる覚悟でやればいいと思うのです。

ただし、そこに乗っている限りは、支えてくれている人たちに感謝をしながら、期待に応える。

世の中の全員の期待に応える必要はなくて、自分をリーダーたらしめてくれている人たちの期待に応えていく。

リーダーの評価は、後からついてくる

評価に対する考え方も、哲学を持ったほうがいい。

僕は、評価は「お賽銭」のようなものだと思っています。

神輿に上げられた僕の働きがよければ、それだけのお賽銭をいただけると言うイメージです。

もしも、お賽銭が少ししかもらえなかったとしたら、それだけ働きが悪かったと受け止めなければならない。

だから、僕は会社と契約するときには、「報酬は後で決めてほしい」とお願いすることが多いんです。

ちゃんと働きがいいかどうかを見てもらって、その後に判断してくれればいいと思っています。

僕は期待に応えられるように頑張るだけです。

お金持ちになりたいから、評価されたいからリーダーの仕事を引き受けるというのは本末転倒。

会社のラベルを利用して、自分を自分以上に大きく見せようとしたってボロが出る。

自分の力を発揮して、心から楽しめる一瞬一瞬を過ごし、その結果として周りにも喜んでもらえる。

あくまでも、評価と報酬は後からついてくるものなのだと思います。

向き合えるのは、せいぜい十人。仲間の顔つきが、一番の判断材料。

会社や組織を大きくしたリーダーほど優秀だ。
その考えは本当でしょうか。

僕は、そのようには思いません。
一人の人間がきちんと向き合える人の数は、せいぜい十人。

こまめにコミュニケーションをとって、前向きに元気でやっているかどうか顔色も観察できて、相談にいつでも乗れるくらいのゆとりを持てるキャパシティーは、どんなに器用な人でも十人までだと僕は思います。

だから、僕は組織をつくるときには、まめに連絡を取らないといけない部門長が十人を超えないようにする。

もしも任された組織に部門長が五十人もいたら、不採算事業を整理して、部門長十人の規模まで縮小する。

リーダーの目が届かない四十の事業を抱えて図体《ずうたい》を大きくするよりも、ずっと健康的でしょう。

十人の部門長それぞれがまとめるチームリーダーも十人、さらにその下にも十人というふうに。

組織の単位をコンパクトに維持して、いつでも機動的に動けることが大事。

雑談で内部の空気を感じ続ける

で、トップは何をするかというと、十人の部門長の話を聞くだけで終わりじゃない。現場に行って、そこで働く百人の顔を見て、「元気?」と聞いて回る。

仕事の話なんて滅多にしない。

世間話とか、「その靴、おしゃれだね」なんて言いながら、若い人たちの様子を観察しています。

現場で働く若手メンバーの顔色がツヤツヤと明るくて、眉間がすっきりと伸びていたら、仕事がうまく回っている証拠。

一万字の報告書よりも、現場で働く仲間の顔つきのほうが、正確にビジネスの状況を反映する。

数字はいくらでもごまかせるけれど、顔色は嘘をつけない。

判断材料として、はるかに説得力があるのです。

だから、僕は前職の時には個室をつくらず、フリーアドレスのオフィスのあちこちに出没していました。

雑談して回って、声をかけられたら、立ち話をする。

普段から内部の空気を感じていれば、大きな決断も一瞬でできるんです。

リーダーの孤独は、ナルシシズム。垣根を取り払い、期待すればいい。

リーダーとしての僕の一番の特徴は「誰に対しても垣根がないこと」かもしれません。

昔から、上の人に対してへつらうことや、下の人に抑圧的に振る舞うことは大嫌い。いや、そもそも、上とか下とか考えたこともない。

同じ看板を掲げて一緒に働く人たちはみんな仲間。

「上司」とか「部下」なんて上下のラベルをつけるのは性に合いません。

あえて呼ぶのなら「同僚」。

僕以外は全員、同僚です。


年齢で人を判断することもない。

むしろ、若い人から教えてもらいたいと思っています。


上下の区分だけじゃなく、横にも隔たりがありません。

僕はいろんな業界、分野の人と、同じように付き合います。

仕事が違うから、などと考えることもありません。

人それぞれに、リスペクトできる特徴がある。

今日初めて会ったばかりの人でも、「あ、面白いね」と思ったら、あっという間に心を開くことができます。

イメージで言うなら、僕はなーんにも囲われていない。

上からも下からも右からも左からも、オープンに空気が行き来して、どこから見られても大丈夫。

ありのままの素《す》で、誰とでも向き合います。

囲いを取っ払えば、いろんな人と話をすることができるから楽しいんです。

囲いを外せばリーダーの孤独は消えて無くなる

だから、こんなことを言って悲壮感を漂わせる人の気持ちがわからない。

「リーダーは孤独なんだよ」

僕は孤独はいい意味で使うけれど、この表現でのニュアンスは「つらい、寂しい」といったネガティブな印象。

それでいて、ナルシスト的な高揚感が垣間見えます。

いや、そんなことはないはずです。
リーダーは囲いさえ取っ払えば、寂しくなるはずがありません。

なぜ囲いの中にいようとするのか。
周りにいる仲間を信用していないからではないですか。
期待していないからではないですか。

本当に仲間を信用し、期待しているのなら、ありのままの姿で向き合えるはずです。
逃げてはいませんか、と自分に酔うリーダーには問いたくなりますね。

5章●孤独で「素の自分」を磨く

自分のことを、放っておかない。孤独の時間は、毎日確保する。

孤独の力を磨くには、それなりの努力を要します。
僕にとって欠かせないのは、一人になって自分を見つめる時間。
一日最低二時間は、誰にも邪魔されず、静寂の中で、内面に浸れる時を過ごします。
二時間というと、長いと驚かれることも多いのですが、考えてみてください。
一日二十四時間の中の、ほんの一割にも満たない長さです。

それくらいは、贅沢ではないように思います。

自分の人生の中の、自分のための時間なのですから。


現代人はあまりにも、自分の心を疎《おろそ》かにしている気がしてなりません。

通信や移動の手段がこれだけ発達し、話したいと思う相手とは瞬時につながることができ、コミュニケーションのコストは劇的に下がりました。

移動のためにかけていた時間は年々削減されて、リモートワークも広がって、仕事もどんどん効率化されています。


それで生まれたゆとりを、果たして何に使っているのか？


日常を振り返ってみて、どうでしょうか。

きっと無意識に消費している時間が多いはずです。

何に向けて消費しているかというと、おそらくは「自分の内面以外の何か」です。

ネットニュースをだらだらと見続けたり。

飛んでくるメールやチャットに対応するのに追われたり。

顔も知らない誰かのつぶやきの羅列を、飽きることなく眺めたり。


人間は寂しがりの動物だから、人といつでもつながるための道具や技術を発明し続け、発展させてきました。

結果、できあがったのは、あまりにも騒然とした世の中です。

僕たちは常に他人の声に囲まれ、他人の声に振り向かされ、他人の声に応えようとして忙しい。

自分を放っておかず、一人の時間を味わう

一人の職業人として、親として、子として、友として、恋人として、誰かのために

果たすべき役割も複雑に絡み合い、やるべきことがいつまで経っても片付かないまま今日も明日も過ぎてしまう。

社会と深く結びつき、活発に活動している人ほど、個人を放ってしまいがちです。情《なさけ》深く、困っている誰かをすぐに助けたくなる人ほど、自分の手当てを忘れてしまうのです。

しかしながら、本来の人間の暮らしというのは、もっと「一人の時間」を味わうものだったはず。

一人になることが難しい今だから、一層の意識が必要なのです。

さあ、たった一人の自分に立ち返る「孤独の時間」をつくりましょう。

今日、正しいことは何なのか。毎朝、今の自分の心を見つめる。

自分を見つめる「孤独の時間」をどのようにつくり、過ごすのか。
一例として、僕のパターンをお話ししましょう。

時間帯は朝です。
太陽が昇る頃から、その時間は始まります。

二十代半ばから欠かさず続けるお祈りの時間です。

お願いごとをするというより、自分の内側を見つめるための祈りです。

家の中で東に向かって手を合わせ、自分の名前と住所を口にして、「今日も精一杯頑張ります」と誓うのです。

東の窓際には水と供えものを準備し、鏡と水晶の玉を置き、曇りのないように毎日磨いています。

鏡に映るのは、自分の顔。

その顔つきは、不思議なくらい毎朝違って見えるのです。

お祈りの間は、目を薄く開けて、奥にある窓のガラス越しに見える外の風景もぼんやり眺めています。

太陽が昇るにつれ、車のエンジンやどこかのチャイムが聞こえたりと、街が目覚め、大きな伸びをするように動き出します。

その様子を感じていると、ただそれだけで脳が情報をキャッチしようと働き始めます。

もう五十年近く、どこにいても毎朝続けてきた習慣なので、すっかり染み付いています。

誰からも邪魔をされない早朝の時間に、たった一人で、自分と対話するのです。

他人ではなく、自分自身から一日を始める

この「孤独の時間」を保つルーティンがあることで、僕は一日を〝自分〟から始めることができます。

誰かからの連絡に対応したり、要望を聞いたりするのは、その後です。

まず、自分の顔を見つめ、心に問いかけ、夜明けの風景を眺めながら、「今の中に在る自分」を感じることが最優先。

心と頭をすっきりとクリアな状態に整えてから、その日のスケジュールをチェックし、必要な連絡のために電話をかけます。

電話で伝える内容は、たいてい何かを始めるか、やめるかの決断です。

自分の〝今の心〟を見つめることで、感性が研ぎ澄まされ、迷いなく決断することもできるのです。


今日の心は、昨日の心の延長にあるわけではない。

やらなければならないこと、正しいことは、時と場所、集団によって変わるのです。

その変化を見間違えないように、毎朝欠かさず、丁寧に見つめる積み重ねを大切にしています。

顔を丁寧に洗う、歯を念入りに磨く。自分という個体を大切にメンテナンスする。

孤独に生きるとは、自分という個体を大切に扱うこと。

体が衰えないように適度な運動習慣も続けていますが、僕は「洗顔」や「歯磨き」も決まったやり方を守って、続けています。

例えば、洗顔ならば、頬、鼻、額と、順番に泡をつけて、指の腹でくるくると十回ずつ。

決まった回数、決まった順序でゆっくりと、十分ほどかけて顔を洗います。

あちこちで見聞きしたことを組み合わせて、いつの間にか定まった自己流のスタイルです。


コツは、筋肉が凝り固まらないように、指でほどよく刺激しながら洗うこと。

歳をとると顔の筋肉が衰えて、なかなか笑顔がつくれなくなるそうです。

僕はいつまでも気持ちよく笑って生きていたいから、顔の筋肉を丁寧にほぐすことを毎朝の日課にしているのです。


歯磨きも念入りに。

一本一本の歯を、順番に八回ずつ、歯ブラシで擦る。

「それは磨き過ぎですよ」なんて歯医者にも笑われるくらい時間をかけて、歯と歯茎を健康に保つための手入れをするのです。

舌もしっかりと磨いてから、水で口をゆすいだ後は、耳を3回引っ張って血流促進。

もう十年以上欠かさず続けている習慣だから、何も考えなくても勝手に手が動きます。

自分を大切にできるのは、自分だけ

ただ、無心になって、自分に向かって集中できる時間。

メンテナンスの時間を軽んじないことが大切です。

朝起きるときには、まずベッドの上に座って座禅を組むようにして、股関節や足首をストレッチ。

さらに膝を立てて、腰を伸ばす。

関節が伸びるのを感じてから、活動を始めます（一四四ページでお話ししたお祈りです）。

これらも全部決まったルーティンです。

お祈りまで含めると、メンテナンスだけで二時間以上かかるのですが、僕にとっては必要かつ重要な時間。

この時間をいつもどおりの順序とリズムでできない日には、調子が狂ってしまいます。

一、二、三……と心の中で数を唱えながら、無心になって自分の体と心を整える。

その繰り返しによって、「個」の感性が磨かれていく。

誰にも侵されたくない、大切な積み重ねの時間です。

緑の葉を丁寧に拭き、声をかける。観察の習慣で、変化に鋭敏になる。

季節の草花を身近に置き、暮らしを彩る楽しみを教えてくれたのは祖母でした。おかげで僕は花や緑を育てるのがうまくて、うちの中にある植物はみんな元気で、ぐんぐんと育ちます。

花や緑も人と同じで、丁寧に心をかければ、それだけ伸びる。

「植木を育てるのが苦手で、よく枯らしてしまうんです」と言う人には、「木の声をちゃんと聞いてみて」と返します。

週に何度か、気がついたときに、葉の表面をやさしく拭いてあげて、「今日はいい天気だよ」と話しかけてみる。

植物に話しかけるなんて、と思うかもしれませんが、明らかに育ち方が変わってきます。

葉を拭く頻度も、「毎週水曜、週に一回」など定期で決めるのではなくて、木の様子を毎日観察して、「あ、今日はちょっと元気がないね」と気づいた日にやるんです。

決まりごとだから、やるんじゃない。

目の前の緑が欲するのを受け止めて、手をかけるんです。

すると、植物は本当に嬉しそうな様子を見せてくれます。

花も同じ。

買ってきた切り花を花瓶に生けて、毎日水を変える。

少し花が乾いてきたなと気づいたら、水を吸いやすいように、茎の端をハサミでカットします。

この時に、ただ切って終わりではなくて、花が気持ちいいように配慮をする。

茎の端を水につけたままハサミを縦に入れて、指で揉んであげる。

「まだまだ咲いてくれよ」と声をかければ、健気に頑張ろうとしてくれるんです。

観察の習慣で、物事の変化を察知する

ものを言わない植物も、意識を向けるだけで、その声が聞こえてくるような気がします。

こうした観察の習慣が、敏感に物事の変化を察知するセンサーのようなものを磨くのかもしれません。

細やかに手をかけるほど、いきいきと命を輝かせることができる。
植物は大切なことを教えてくれます。

そこにある命を素直に受け止め、愛《め》でることのできる人間でありたいものです。

日が暮れる頃には食事を終えたい。上質な睡眠で、英気を養う。

感性を研ぎ澄ませた状態を保つためには、上質な睡眠は欠かせません。「個」は、健康な心身に宿るはずですから。

それも精神論で踏ん張るのではなく、合理的に心身の状態をよくする生活のリズムを保つことが大切。

最近は、急な働き方の変化によって、睡眠のリズムが乱れてしまう人も増えていると聞きます。

自分にとって快適なリズムを決めて、保つ努力をすることをお勧めしたいと思います。

これもあくまで一例ですが、僕の習慣をお話しします。

まず、ぐっすり眠るためには、空腹状態になっていることが条件になります。お腹に食べ物が入った状態で眠りに入ると、寝ている間まで胃腸を働かせねばならず、体が休まりません。

僕はもともと少食ではありますが、夜は極力控えめに。

寝床につく頃には胃を空っぽにしていたいので、日が暮れる前には食べ終わっていたい。

夕方の六時ごろには食べ終えていたいというのが理想です。

会食もかなり早めに設定するので、よく驚かれます。

ちなみに、お酒は一切飲みません。

だから晩酌もなければ、居酒屋で愚痴を言い合う付き合いもありません。

四六時中、しらふで過ごし、アルコールがなくても十分に、適度な人付き合いを楽しんでいます。

日暮れと共に就寝の準備をし、日の出を浴びて活動を始める

夕食を終えたら一時間ほどゆっくりと過ごして、八時くらいから三十分ほど軽くうたた寝。

本格的に寝る前の、ちょっとした昼寝というか夜寝というのか。

この軽い睡眠で疲れを軽く取っておくことで、九時からのニュース番組の情報がクリアに頭に入ってくるんです。

だいたい十一時くらいまで情報収集に時間を使って、支度をして就寝。朝のお祈りと身支度のために、起きるのは日の出の十分前くらい。世間より早いほうです。

日暮れと共に寝る準備に入り、日の出を浴びて活動を始める。

僕の生活は極めて動物的です。

一人で過ごす時間をたっぷりと使って、英気を養うサイクルを毎日続けています。

繰り返し、心の中で歌う曲。音楽が、孤独に寄り添う友となる。

誰にでも、「人生の友」といえる音楽があるのではないでしょうか。

ふと心の中に隙間ができた瞬間に、自然と流れ出すあの曲やこの曲。

僕の場合は、松任谷由実さんや竹内まりやさん。

雨降りの日の駅の情景を描いた『駅』という曲は、若い頃の淡い恋の記憶と重なって、耳にするたびに「ほんわり」とした気分になれます。

瞬間的に気分が悪くなったときも、僕は心の中で歌を歌い、気を鎮めています。

ビートルズの「レット・イット・ビー」も好きな曲です。

日本語の意味は「素直に生きなさい」とか「ありのままに」。

シンプルなメッセージですが、僕の生き方にしっくりと合います。

受胎告知を受けた聖母マリアが、この言葉を用いたとも伝えられているとか。

サイモン&ガーファンクルの『7時のニュース/きよしこの夜』という曲も、なぜか好きです。

ただニュースを読みあげているだけの抑揚のないアナウンスに、クリスマスを祝う歌唱が重なる不思議な曲なのですが、世の中の矛盾や複雑さを象徴するかような対比がなんとも言えず心地いい。

どこの誰から勧められたわけでもない、理由もなく、自分の人生に寄り添い続ける曲が、一つや二つ。

きっとあなたの心の中にもあることでしょう。


流行歌を追うことはない。

自分の感性にスッと馴染む曲を、素直にコレクションして、時々思い出しては心の中で歌ってみる。

自分の心と響き合う「個」を感じるものが、最高のアート

アート作品もそうです。

誰かが高く値付けしているから立派な芸術というわけではない。

自分の心にスッと馴染んで、心地いい絵があるのなら、それが自分にとっての最高のアートでしょう。

僕のアートとの付き合い方というのは、いつもそういうものです。

パッと見た瞬間に、心と響き合う何かがある。

その筆づかい、色の重ね方に、僕の「個」では成し得ない素晴らしい手仕事を感じられる。

「個」の命そのものが息づいている。

確固たる「個」として光る芸術に出会えたときに、僕の「個」もまた、喜びに震えるのです。

偶然の出会いから生まれる会話。ささやかな交流が、人生を彩る。

孤独を味方につける生き方とは、自分の「個」と他者の「個」の違いを楽しめる生き方のこと。

決して殻に閉じこもっているわけではなく、むしろオープンに、人と関わるものではないかと思います。

僕は、偶然出会った人との会話を楽しむ名人です。

例えば、たまたま乗ったタクシーの運転手さんが若くて元気のいい人だったときなんて、ワクワクします。

「出身はどこなの？」なんて話しかけて、偶然の出会いから生まれる会話をひとしきり楽しみます。

若い人だけじゃなくて、自分とあまり年齢が変わらないくらいのおじさんの人生節を味わって満たされることもあります。

ついこの間、熱海で乗ったタクシーの運転手さんは、セミリタイア後に夫婦で東京から移住してきたそうです。

のんびりと畑いじりをしながら悠々自適に暮らすつもりが、「夫婦だけで過ごすとケンカが絶えなくて『あなたは外に稼ぎにでも行って』と言われましてね、タクシーに乗ることにしたんですよ」なんて面白い話をしてくれました。

その後も、熱海で野菜を栽培することの苦労話や地元の流通についてなど、ユーモアのある話ぶりの中にも知的な視点がまぶされていて、わずか十数分ほどの移動の間の交流を僕はとても楽しく過ごせたわけです。

一瞬のすれ違いの会話こそ、人生の喜び

おそらく二度と会わないかもしれない人との、一瞬のすれ違いに生まれる会話を、僕は尊いと思う。

それに何の意味があるのかと、損得勘定で考える人もいるかもしれませんが、これこそ人生の彩りではないですか。

まったく異なる人生を歩んできた「個」と「個」が、たまたま交わる一点で出会い、いくつかの言葉を交わし、笑い合う。

もちろん、すべての出会いが響き合うわけではないけれど、ささやかな交流の中で「ああ、楽しいな」と思える時間をつくれるのは、生きてこその喜びです。

どうやったら自然に話しかけられるのかって？

特別な話術なんて必要ありません。

「最近、売り上げはどう？」くらいの普通の問いかけから、会話は始まるんです。

人は案外、たわいもないおしゃべりができる他人を求めているもの。

目的地に着くまでの限りのある関係が、べったりとした付き合いを好まない僕には、かえって心地いいのかもしれません。

感性的な根拠があればいい。直感こそ、本質を見抜く力。

僕は若い人が好きです。

全員がそうではないけれど、若い人には、明確な「個」を持っている人が多く、希望が持てます。

若いと、変に世の中に慣れていない分、自分の感性を損なわずにいられるからかもしれません。

僕の個性的なヘアスタイルを担当してくれている美容師さんも、まだ若いけれど自分をしっかり持っているタイプ。

気が強くて、ちょっと口調が荒いこともあるけれど、腕は確か。

「中野さんはこういう髪型が似合いますよ」と、半分刈り上げたアシンメトリー（左右非対称）なスタイルを提案して、僕は面白いから受け入れました。

自分の立ち位置を明確にした、ぶれない彼女には、ファンがたくさんいるようです。彼女が、妙な自信を持っているのが面白い。

若い人特有の「妙な自信」というのが、僕はすごくいいと思う。

根拠がないようで、実はあるのではないか。

経験にはたしかに基づかないけれど、〝感性的な根拠〟がきっとあるのではないか。説明不能だけれども、感性がつかみとっている確信があるのでしょう。

歳を取ると、知識がついて説明する力はあっても、感性が鈍くなる。

若い人たちが直感的に取る行動というものは、それだけで信じて従う価値があると僕は思うわけです。

感性は理屈よりも本質を見抜く

ニュース番組でよく流れる街頭インタビューの映像を見ても、スーツを着慣れた大人たちのコメントはみんな忖度だらけでつまらない。

格好はまともだけれど、ちっとも本音でしゃべっていない。

逆に、はちゃめちゃな格好をした若者たちのほうが、ずっと鋭くて本質的なコメントを言っていると感じます。

理屈ではなく、感性で行動しているからでしょう。

感性は理屈よりずっと正確に未来を言い当てることもある。

昭和の時代に若い漫画家たちが描いた「二十一世紀の世界」の中には、携帯電話やロボット、地下空間や都市の空を車が走る高速道路のように、現実になったものが多い。

現在の延長ではなく、「こうあったらいいな」という理想へと飛んでいける感性の力。

常識を塗り替える、強烈な「個」の力。

そんなパワーを持つ若い人たちが、僕は心から羨ましいし、その魂に触れられる場所にできるだけいたいと思うのです。

五感のスイッチを入れ、ゆっくり歩く。見慣れた街に、新しい発見がある。

「個」の感性を鍛える手っ取り早い方法を一つ。

見慣れた街並みをゆっくりと歩いてみることです。

現代人は、電車や自動車に乗ることに慣れて、自分の足で歩いて移動することをだんだんとしなくなっている。

高層マンションに住んでいると、ほとんど土地を感じないまま一日を過ごすこともあるでしょう。

地面に降り立って、ゆっくりと目の前を過ぎる風景を見渡しながら歩いてみると、それだけで思いがけない発見ができます。

「こんなところに、こんな店があったのか」という気づきが生活の楽しみを広げてくれるのはもちろん、もっと深く静かに耳を澄ますと、土地そのものが何かを語り始めることがあるのです。

僕が企業のリブランディングに携わるときも、必ず、その土地の声を聞くようにしてきました。

都会的な湾岸風景の中で水をそばに感じられる天王洲と、山と海がダイナミックに地形をつくった熱海では、土地から聞こえてくる声がまったく違うのです。

熱海では、手つかずのままだった山の奥まで二万八千歩近く、黙々と歩き、「この土地は、どう生かされると喜ぶのか」と、頭ではなく心に問いながら構想を深めました。

仕事を目的としなくても、僕は普段からよく歩きます。

トレーニングやストレッチをした後、高田馬場から天王洲まで、三時間くらいかけて歩くこともしょっちゅう。

坂道を上がったり下がったり。ふと小さな川が現れたり。

歩いてみると、土地の本来の姿が見えてきて面白い。

空気の温度や匂い、音、五感のスイッチを入れて、ゆっくりと歩くのがポイントです。

時間を気にして、息を切らして歩くようでは意味がないから、十分に時間のゆとりがあるときを選ぶのがいいと思います。

歩きながら気持ちのいい場所を探してみる

僕はかなり意識的に感性を鍛えてきたほうなので、土地のパワーに敏感です。コンクリートに覆われた地面であっても、足の裏を通して磁力のようなものを感じられることもある。

なんとなく気のいい場所を見つけたら、僕は時間があれば近くの明るい感じがする神社にお参りをすることもあります。

ほど良い運動にもなって、感性も磨けるのだから一石二鳥。

いつも素通りしていた街並みを、歩くことから始めてみるのはいかがでしょうか。

6章●

「孤独」＝《イコール》「さみしい」ではない

終わりを認めるから、始まりが見つかる。誰かの期待を感じたときに「さみしさ」は消える。

孤独は僕にとって幼い頃から身近なものだったという話は、何度かしてきました。いろいろな人との関わりや転居といった経験によって、精神は鍛えられたと思います。

そうはいっても、「さみしさ」は常に隣にありました。

孤独もなかなかいいじゃない、なんて思えるようになったのは大人になってからのことです。

社会に出るまではずっと心細さがあったし、そもそも孤独をプラスに考えようとする発想さえなかった。

孤独はマイナスのものであり、「死」に向かう意味としてとらえてきました。

その意味がプラスに転じたのは、大学生の頃でした。

僕のことを心から期待してくれる人に初めて出会えたのです。

その人は、僕より十くらい年上で、社会とはなんたるかを教えてくれた人でした。

何者でもなかった僕の可能性を信じてくれて、「あなたならできるよ」と期待をかけてくれた。

僕は「個」として生きていいのだと思えたし、思い切って社会に踏み出すことができた。今思い出しても感謝しています。

「終わり」を認めるから「始まり」が見つかる

運よく入社した伊勢丹では、婦人服ブランドを展開するマミーナという子会社に配属されて、生意気さを発揮していました。

仕事にも人にも恵まれていたけれど、若気の至りで会社を辞めることになり、それなりにショックでしたね。

僕なりに反省して（といっても二時間の内省でしたが）、「もう、いいや」と過去に見切りをつけることにしました。

すると不思議と、人生は新たな展開へと続いたのです。

「終わり」を認めることができてようやく「始まり」が見つかるもので、人の紹介で新しい職場として鈴屋に入ることができました。

その後、縁もゆかりもない台湾で何十年も働くことになったり、日本で企業の経営を任されたり。

新しいステージに立つときにはいつも、誰かが僕に期待をかけてくれました。

期待という光を浴びて、「個」は芽を出し、葉を広げて、花を咲かせるのでしょう。

肩書きや数字に、惑わされない。「だから何なの」と思えばいい。

現代は孤立を感じやすい時代なのかもしれません。

人はインターネットでつながりやすくなり、無数の他人の日常が大量に情報として流れてきます。

見たい、見たくないによらず、勝手に目や耳に入ってくるのです。

僕は余計なものに惑わされたくないから、スマートフォンも捨てたし、漫然とネットを眺める時間に貴重な人生を費やすこともしません。

僕のような極端なことができる人は少ないかもしれませんが、孤立や虚無感をうまくやり過ごすための術を、誰もが身につけるべきなのでしょう。

肩書きや年収、財産など、数値で比較できる持ち物を、他人と比べ合って一喜一憂。そんなものはすぐに移ろうもので、なんの参考にもならないのになぁと、僕は疑問を感じるのだけれど。

自分のほうが上だと偉そうに振る舞うのも滑稽だし、自分のほうが下だからと媚びへつらうのもカッコ悪い。

僕だったら、多分、こう言う。

「だから何なの」

最近は、数字の指標として「フォロワー」の数というのもあるらしい。

インターネットでの発信が何人に届くかの人数。

それにどれほどの意味があるのか。

本当に、人の心が響き合うとはどういうことなのか？

惑わされることなく、問い続けたいと思います。

数字を測るのは簡単だから、すぐに目を奪われてしまうけれど、そこにとらわれていては、「個」はあっという間に見失われてしまう。

顔の見えない百万人の気まぐれな賛同を得ることよりも、まず目の前の大切な一人の「個」と心を通わせることのほうが、ずっと大切ではないかと僕は思っています。

持ち過ぎると「個」が埋もれてしまう

それに、そもそも「数が多いほど、幸せになる」という考えを疑ったほうがいい。

僕は『ぜんぶ、すてれば』なんて本を出すくらいだから、とにかく身軽でいたい。

持ち物を増やし、肩書きやお金や支持者の数をどんどん膨らませるにつれ、寄ってくるのは数字目当ての人ばかり。

その人の「個」ではなく、数字に引き寄せられる人しか寄って来なくなると思います。

挙げ句の果てに、奪われるかもしれない。

持ち過ぎると「個」が埋もれ、失われてしまうんです。

外側の数字ではない、内なる「個」を磨くことに集中したいものです。

批判や中傷は気にしない。徹底して鈍感になればいい。

「だから何なの」

そういえば、これは僕が自分に問いかける言葉の一つですね。

誇りを持って、自分の心で決断をしたことに対して、周囲の人や世間から批判されることもあるでしょう。

特に今の時代は、匿名をいいことに自分は安全地帯の中にいながら反射的に人を叩いて立ち去るという行動があちこちで見られます。

あまりにもアンフェアな批判だと思います。

こんなものにはびくともしない強い精神を養うことが、「個」を保ち、孤独に生きるためには必要になります。

とにかく徹底して鈍感になること。

繊細に見つめるべきものと、鈍感を貫くべきものと。

対象を明確に区別して、選択をする力を持つ。

肩の埃《ほこり》を払うように颯爽《さっそう》と、問うのです。

「だから何なの」

よくわからない反論が返ってきたら、もう一度、「だから何なの」。

三度もこれを繰り返せば、たいていの問題は消え去っていきます。

無責任な批判者にはとらわれないことです。

直接関わっていない人の、気まぐれな批判をいちいち気にしていたら前に進めません。

自分が誰のために何をやっているのか、シンプルに考えれば、気にする相手ではないことは明確にわかるはずです。

今日も元気に自分の心が喜び、確実に楽しんでくれる誰かがいる。

これで十分に、「個」としての役割を果たしているではないですか。

面と向かって批判されても、自分を否定しない

もしも日々関わっている人から、「もうあなたとは一緒にやれない」と面と向かって言われたら、ちゃんと向き合って考えるべきだけれど。

でもそれだって、自分が否定されたと思い詰めなくていい。

たまたま考え方が一致しなくなっただけのことだから、「仕方がないよね」と握手してお別れをすればいいのです。


七十億人いる人間全員から賛同を得るなんて無理。

どんなに多くても百人。

百人と気が合えば、十分に大きな仕事はできるんです。

そう考えれば、知らない誰かに批判されたって、どうってことないやと思えるようになるかもしれない。

こんな時代だからこそ、孤独の力を身につけるといいと思っています。

会社はさみしさを埋める場所ではない。自分の「個」が輝く場所へ行く。

リモートワークが増えたことで、オフィス面積を縮小する会社も増えているようです。

「そもそも会社って何なの」と、根本的な問いへの議論が盛り上がっているのは良いことだと思います。

出社の必要がなくなったときに、「勝手がわからない」と働きが悪くなる人と、自由度が増え、一層生産性高く仕事ができる人がいます。

同じ環境、同じ役割だったとしても違いが出ているのです。

この違いは何かというと、「何のために働くのか」という動機の違いなのでしょう。

本当にやりたいことがあるから、仲間と共に力を寄り集めて、事《こと》を成す。

会社、カンパニーとは、そのための箱であるはずです。

毎日会社という場に通わなくなったから違和感がある、というのがおかしい。

「そもそも仕事をしていなかったんじゃない?」と言いたくなります。

「さみしさや、暇を埋めるため」に会社を利用していたのかもしれません。

それは自分にとっても会社にとっても不健康なことだから、さっさと辞めたほうがいい。

自分から辞めなくても、いつかは見切りをつけられてしまう可能性が高いのではないかと思います。

自分のポテンシャルが発揮できる場所へ行く

「さみしさや暇を埋めるために働く」、あるいは「お金のためだけに働く」という間違いは、長らく日本社会が続けてきた終身雇用の会社組織カルチャーによる弊害です。

「いつまでもいていいよ」と許される環境を勘違いして、優しさととらえる人が少なからずいたから、油断して、「個」の力を磨くことをサボる、生産性の低い社員を量産する事態があちこちで起こっている。

本来は誰もが、素晴らしい「個」のポテンシャルを備えていたはずなのに、もったいない。

今からでも遅くないから、本当にやりたいことのある人が力を発揮できる環境を整えるべきです。そして、頭脳を働かせて頑張っている人と、頭脳が休んでいる人を公平に扱う不公平は、やめるべきです。

僕は、今経営を任されている会社では、各部門のリーダー選出を立候補制にして、実現したいプランを発表してもらって投票で決める方式を導入しました。

年齢も性別も何も関係なく、思いの強さと能力だけで、ポジションを決める。

こういう仕組みを取り入れていくほうが、もっとイキイキと活躍できる人は増えるし、会社も元気に成長するはずです。

そして、会社に変化が起こるその瞬間に、気力が萎えている人に刺激を与えるべきです。

惰性の延長で、事実上引退した後も相応の待遇をせがむなんて、一番やってはいけない情けないこと。

今、自分の「個」はどれだけ輝いているのか。

もっと輝ける場所で、自分の命を使おうよ、と言いたいですね。

地位や肩書に、しがみつかない。自分の糧《かて》さえ、あればいい。

寿命が延び、定年も延び、歳を取っても働くのが当たり前の時代へと突入しました。

僕は今、七十七歳になりましたが、ありがたいことに今日この日まで、胸躍り、頭が冴え渡るような仕事に恵まれてきました。

偉くなろうと思ったことは一度もありませんが、やりたいことを成すために請われれば、必要な役職についてきました。

地位や肩書きというものは、目指すものではなく、あとからついてくるもの。しがみつくようなことはしたくない。

会社を引退した後に、「顧問」として居座り続けるという生き方は、僕の性には合わない。

たまに呼ばれて意見するだけ。

その意見も本当に聞いてもらえているのかわからない（顧問に議決権はないので）。むしろ、「自分の意見に反対しない人に顧問になってもらおう」と考える経営者のほうが多いのではないでしょうか。

それで月にいくばくかもらえたとして、はたして幸せなのか。

いてもいなくても同じような役割なら、「社内失業」といってもいいようなもの。

僕は自分が〝そこにいる意味〟を見出せないなら、一刻でも早く立ち去りたい。

一人で生きていくのに、本当はいくら必要なのか

「そんな勇気、持てないよ」と思うとしたら、なぜ立ち去れないのか考えてみるといいかもしれません。

おそらく、少しでも安定的な収入を得たいという理由でしょう。

将来の不安によって、自分自身を解放できないのです。

では、僕が昔からなぜ所属や地位にこだわらず生きて来られたのか。

それは、「足るを知る」生き方を常に選んでいるからです。

自分一人、生きていけるだけのお金があればいい。

だから僕は若い頃から、生活に必要な分を除いてすべて寄付してきました。

残された人生の年数を予測して、人様に迷惑をかけない程度の費用を具体的に計算

してみる。

「これだけあれば十分」とわかれば、それ以上はむやみに求めなくても良くなるわけです。

テレビや新聞やネットが試算する数字に惑わされてはいけません。

自分にとって、本当に必要な金額はいくらなのか。

最低限の財布を備えることができれば、着膨れせず、身軽に颯爽と生きていけるのです。

傷つくのは当たり前。さみしさを抱えながら、生きていこう。

孤独の力を推奨する僕ですが、何も「強くなれ」と言っているつもりはありません。

弱いままの自分でいいのです。

誰もが心の中にさみしさを飼っているし、弱い自分を克服しようなんて思わなくていい。

ただ、ありのままの自分を受け入れて、「自分はたった一人で、弱い存在なんだ」と認めること。

そして、他者もまたそうであると受け入れること。

そこからすべては始まる。

孤独な「個」と「個」が出会い、あたたかな交流が生まれていくのです。


僕も強い人間だと思われるほうですが、そんなことはありません。

一人で生きられるなんて考えたことは一度もない。


弱い自分をさらけ出して、そこで出会えた人の力を借りて、自分もできる貢献をわずかでもお返しできれば、地球のどこででも生きていける。

そんな経験ばかりしてきたので「孤独を怖がらない自信」はあるけれど、いつも誰かの温度を感じられるから、一人でいられるのです。

さみしい自分を認めて、前を向く

実は少し前に、長く療養中だった大切な人を亡くしました。

いい加減な僕はずっと一緒にいられたわけではなかったし、お別れが近づいていることもわかってはいたけれど、僕の「個」に少し距離をおいて寄り添ってくれた一人の女性がこの世から旅立つことには、やはり圧倒的なさみしさを感じました。

このさみしさを、僕はずっと抱えながら、生きていくのでしょう。

そして、さみしい自分を認めることが、前を向くためには必要なのだと感じています。

自分が死ぬのか、相手が先立つのか。

どんなに大切な人とも、いつかはお別れの時がきます。

ずっと一緒にいられる約束はできないのだと思えば、目の前の人の存在がいっそう尊く、愛おしく感じられるのではないでしょうか。

孤独な自分と、孤独な君。

少しの距離を空け、相対することで、人はもっと想いを寄せ合える。
人間の持つ孤独の力を美しく使いたいものです。

心の中に「ほっこり」生き続ける記憶。たった一つで、人生を漕ぎ出す力になる。

さみしさを新たに宿す出来事がある一方で、いつまでも思い出すたびに心が安らぐような体験もいくつか、大切にしまってあります。

僕の場合、その一つは父との思い出です。

幼い頃に離れて暮らした父と過ごした記憶は数えるほどしかないのですが、まるで映画のワンシーンのように、鮮やかに思い出せる一日があります。

何も世の中のことを知らない小学生の頃の話です。

その日、僕は滅多に会えなかった父と二人、出かける機会に恵まれました。

東京駅から急行電車に乗って湘南まで。

目指していたのは江の島にある水族館です。

当時、鯨が泳ぐ水槽があると評判を聞き、父が連れて行ってくれたのです。

しかし、教育者として東北にいることが長かった父は東京周辺の交通に不慣れで、乗り過ごしてしまった。

少し先の駅で降りて、戻って電車を乗り換え、最寄りの駅で降りて江の島の水族館へ向かいました。

とても暑い夏の日で、砂浜からの照り返しに汗をかきながら、僕は父の上着の裾をぎゅっと握って歩いていたのを覚えています。

握った手の先には、キラキラと輝く海がまぶしく広がっていました。

やっと辿り着いた水族館に、鯨はいませんでした。

大きな水槽は空っぽでした。

戦争で食糧不足になって、食べられちゃったそうです。

父は僕に鯨を見せられなかったことが残念だったのかもしれませんが、僕は父と砂浜を歩けたことが嬉しかった。

たった一つの思い出が、人生を漕ぎ出す力をくれる

東京に戻って、父と別れる時、都電に乗った父を見送りました。

白金の日吉坂上という停留所から父を乗せた都電が、目黒に向かってまっすぐに伸びる線路を走ってどんどん小さくなっていきました。

あの頃は高いビルもなかったから、いつまでも都電が見えたんです。

夕焼けに染まる空の下、いつまでそこに立っていたらいいのかわからなくて、ずっ

と佇《たたず》んでいました。

さみしいという感情を初めて強く感じた時かもしれません。

同時に、同じ日の昼間に感じた幸福感がくっきりと、忘れられないほどの鮮明さで僕の胸に刻まれたのです。

あの日の記憶だけは今でも昨日のことのように思い出せます。


きっと、誰にでもあるのではないでしょうか。

そっと取り出すたびに、心がほっこりと温かくなるような、誰にも侵されることのない幸せの記憶が。

たった一つで十分に、人生を漕ぎ出す力を注いでくれる記憶がきっとあるはずです。

たまには、ゆっくりと思い起こしてみてはいかがでしょうか。

7章●孤独のなかで、他者とどう関わるか

人間関係は、水のごとし。あっさりと、淡い付き合いでいい。

人付き合いについて考えるとき、中国に古くから伝わる荘子の言葉をよく思い出します。

いわく、「君子の交わりは淡きこと水のごとし、小人の交わりは甘きこと醴《あまざけ》のごとし」。

分別のある立派な人は水のようにさっぱりと清らかな付き合いを好むが、そうではない人物は甘酒のようなベタベタとした付き合いをするという意味だと思います。

僕が求める人間関係もまさにこれ。

人はすべて「個」として存在し、たまたま同じ時代、同じ場所をすれ違う縁で出会うもの。

深入りすることなく、あっさりと、その刹那の交流を喜びたい。

それがかえって、お互いの「個」の尊重となり、細く長く続く信頼へとつながるのではないかと思うのです。

逆に、ベタベタと密着するように相手の世界に近づこうとし、同調や独占を求める関わり方は長続きせず、破綻へと向かうでしょう。

ところが、世間には甘酒のようなベタベタとした付き合いを求める人が少なくありません。

きっと、「個」としての自立が不完全ゆえに、誰かと密着して寄り添わなければ不安に感じてしまうのでしょう。

その不安に理解は示しますが、巻き込まれるのはまっぴらごめん。

僕は日常の行動から予防線を張っています。

例えば、居酒屋でくだを巻くだけの飲み会には行かない。

お付き合い程度の動機ならば、冠婚葬祭にも行かない。

たまに食事に行っても、長居はせず、適度に話してさっさと帰る。

これを不義理とは思いません。

僕にとっては、お互いの関係を大切に守るための健康的な義理なのです。

出会った人を好きでいたいから、淡い付き合いを求める

逆に、こうも言えます。
こうでもしなければ、僕は孤独を保てない。
人は人と交わる時間を心地よく感じる生き物です。
だから、一時の感情に任せれば、どこまでもお互いの世界に踏み込み過ぎてしまう。
しかし、せっかく出会った二人がそれで傷つけ合うのは悲しいと思いませんか。
僕はせっかく出会った人たちを好きでいたい。
だからこそ、水のような淡く清らかな付き合いを求めるのです。

他者との関係は双方向で成り立つ。応えられない期待は、手放していい。

前著『ぜんぶ、すてれば』で書いたことについて、思いがけず多くの方々から反響をいただきました。

本だけでなく、いろんな記事やテレビ出演での発言を見聞きして、一風変わった僕の生き方に興味を持って連絡をくださる方々も。

丁寧な感想を綴《つづ》ったお手紙をくださる方もいて、すべてに目を通し、返事の手紙を書きました。

その中には、「ぜひ会ってお話ししたい」という方も。

「私はこういう悩みを抱えていて、どうにか助けてほしいのです」と切々と訴える内容がそこには書かれていました。

せっかくそうおっしゃるのなら、とお会いすることもありました。

でも、その時に必ず伝えていたのは、「あなたが期待するほど、私はあなたの役には立てないと思いますよ」ということ。

正直に、はっきりと面と向かって伝えます。

はっきりとは伝えますが、口調はいたって穏やかです。

僕に関心を持ってもらえたことへの感謝の気持ちはあるから、顔つきは自然と、にこやかに、柔らかくなります。

誰に対しても僕はオープンに接するほうです。

人が人とつながろうとするのは、期待があるから。

そして、期待とは、相互に等価交換するからこそ、関係が成立し、持続するものです。

僕も期待するし、相手も僕に期待する。

そんな関係を結ぶことができたら、仲間になれます。

応えられない期待は、正直に手放す

しかし、すべての出会いがそうであるとは限りません。

自分には応えきれないな、というほどの期待を相手から感じたら、正直に手放したほうがいい。

「今の自分は、あなたの期待に応えられない」と。

ただし、「出会いがつながったことへの喜び」は伝えるのが礼儀であり、連絡をくださったことへの返礼になると僕は考えます。

だから、短い時間でもお会いする約束を整えるように心がけています。返礼を済ませたら、「またいつか、どこかでお会いする機会があるかも……」という思いを残すようにしています。

たった一度でも双方向のコミュニケーションを共有できた人とは、「ずっとつながっているよね」、そんな気持ちになれるのです。

人間関係は双方向に交じり合って、初めて成立する。

受けっぱなしにしないことが重要だと僕は思うし、人の縁は会った回数や過ごした時間の長さだけで測れるものではないはずです。

一生に一度の出会いでも、つながりは保たれている。

あの人と、今でもずっとつながっている。

そう思うだけで、心が満たされませんか。

苦手な人は、いて当然。好きな部分とだけ付き合えばいい。

人付き合いをしていると、「どうしても気が合わないな」という相手と出会うこともあるでしょう。

意見が合わないとか、話のテンポが合わないとか。

僕は、物事はなんでも早く進めたいほうなので、相手の返答のペースが遅いと少し調子が出なくなってしまう。

でも、だからといって、その人の人格を丸ごと否定するわけではありません。

一人の人間には良いところも悪いところも含め、様々な要素がある。

その「良い・悪い」の判断も、相性次第でまったく変わることもよくある話です。

すべての面を百パーセント、好きになれる相手なんて、多分いないでしょう。

相性が完璧に合うパートナーは幻想でしかありません。


だから、〝部分〟に分解して、その人の良さを見つけることが大切だと思います。

しかも、その良さというのも、苦手だと感じる部分を違う視点で解釈することで見つかることがある。

例えば「コミュニケーションのペースが遅い」という面は、裏を返せば「慎重に熟考できる」とも言えると思います。


もちろん、無理をしてまで苦手な部分をプラスに解釈する必要はありません。

その人の丁寧で誠実な面が好きだと思えたら、その部分だけに注目して期待をかけ、付き合うようにする。

すると、「彼のこの部分がとても好きだなぁ」とリスペクトできる。

その人にしかないユニークな一点をリスペクトし続ける

そもそも、世の中に「ふつうの人」はいません。

どこから切っても平均的で、なんの特徴もない人間なんてどこにもいないのです。

どんな人でも、その人にしかないユニークな一点や二点を持っている。

そこをうまく活用することができたら、素晴らしいことです。

突出したユニークネスを発揮している人たちはとても魅力的ですが、〝変人〟扱いされることがほとんどです。

僕の周りには愛すべき変人が多いのですが（僕も変人と言われますが）、誰を思い浮かべても完璧さとは程遠い。

みんな、ほんの一部分を生かして、魅力に変えているんです。

相手の全部を認めようなんて思わなくていい。

「あ、いいね」と感じる部分を好きなままで、リスペクトし続ければ、自然と心地いい関係は続くのです。

多様な他者と、軽やかにつながる。一瞬で感じた相手のよさを口にする。

孤独力というと、人付き合いが悪そうに聞こえるかもしれませんが、そんなことはありません。

むしろ僕は、誰とでも分け隔てなく、軽やかに付き合えるタイプです。

特に、若い人たちには積極的にこちらから話しかけます。

「年下の相手には、自分から挨拶しない」なんて変なプライドで黙っている年長者の気持ちが、僕にはわかりません。

「せっかくフレッシュな感性を備えた若者が目の前にいるのに、どうして話しかけないの？」と不思議です。

「でも、見ず知らずの相手に対して、どうやって自然に話しかけたらいいんですか」

そんなふうに聞かれたので、僕の日常をふりかえってみると、「その人のいいところを見つけて、褒める」という行動を繰り返しているのだと気づきました。

「いいところ」はパッと目につくチャームポイントでいいんです。

一番手っ取り早いのは、服装やヘアスタイル。

「そのベルト、かっこいいですね」

「素敵な髪型だね。どこで切ったの？」

と褒めたら、反応しない人はいません。

外見なんて軽い着眼だと思いますか？

そんなことはありません。

服装や髪型の選択には、必ず、何らかの意思が宿ります。

パッと見て少しでも「ユニーク」な表現を感じ取ったら、すかさず口にするんです。

きっと楽しい会話が始まります。

一瞬で感じた相手のよさを口にする

外見にそこまで特徴がなかったとしても、どこかしらその人のよさは発見できます。

初対面で、会って五分しか経っていなかったとしてもです。

一瞬で感じた、その人の魅力を言葉にしてみてください。

「ずいぶん歩くのが早いですね。颯爽としていてすごくいいなぁ」

こんな一言を発したら、きっと相手は表情を和らげてくれるでしょう。

「最近どう？」なんて漠然とした問いかけは意味がありません。

目の前にいる、今日そのときの相手の「個」を見つめれば、きっと何か言いたくなると思います。


人はそれぞれに、自分の人生に愛着を持っているものです。

その魅力の一片を感じ取り、伝えるだけ。

「個」と「個」が出会い、また別れるまでの一期一会の奇跡を楽しみましょう。

そう考えれば自然と、目の前にいる人へのリスペクトが生まれ、「もっと知りたい」という好奇心が湧くのではないでしょうか。

変わらない友情なんて幻想。十年経てば、お互いに別人。

僕は人懐っこい性格だから、会って十秒で誰とでも友達になれます。

でも、その関係が永続するとはちっとも思っていません。

なぜなら、人も環境も刻一刻と変化を遂げるのだから、人間関係も常に変化している。

昨日交わした会話と、今日顔を合わせて通じ合う感情は、まったく別物。

お互いに、日々入れ替わる〝今の自分〟という「個」として向き合おうとする。「友人」と呼び合う間柄だったとしても、会うたびに、新しい関係が生まれるものだと思っています。

本だってそうでしょう。

同じ本なのに、時間を置いてもう一度読むと、まったく印象が変わることがある。そこに連なる文字は何も変わっていないのに、心が揺さぶられるページは読むたびに変わるということがありませんか。

すなわち、自分の心が入れ替わっている証拠です。

その瞬間瞬間に、自分の目の前にいる対象を信じられるかどうか。

僕はいつも感性を総動員させて、人と付き合います。

こういう感覚でいるものだから、僕は同窓会にありがちな「過去の偶像」に拠り所を求める付き合いがあまり好きではありません。

出会って十秒で信頼を見極めたら、その後の時間の積み重ねに意味はない。

二十年前に出会った人のほうが、昨日出会った人より関係が深いとはちっとも思わない。

むしろ、今この瞬間の感性に響く相手が、今は一番信じられる。

思い出話ではなく、新鮮な今の感性を分け合う

相手だけではなく僕自身も、絶えず変化をしています。

昔の友人と二十年ぶりの再会を果たしたところで、お互いに「別人」になっている。「もう二十年の付き合いになるね」と言われたって、「だから何なの？」という気分です。

過去の思い出話で今の時間を埋めるのも、もったいない。

新鮮な今の感性を分け合って、新たな友人としてまた出会えばいい。

人間関係は熟すものじゃない。

何度でもフレッシュに生まれ変われるものなのです。

先日も、寺田倉庫オーナー家二代目の寺田保信《やすのぶ》さんと昼食をとりながら、「もう五十年の付き合いになるね」「お互いによく我慢をしたからね」と冗談を言い合ったものでした。

彼もまた、出会うたびに新しい才能を僕に見せてくれる素晴らしい友人の一人です。

「そうなんだ」と「ありがとう」。二つの言葉で、理想的な孤独を保つ。

心地いい人付き合いを続けるために何が大切だろうかと、あらためて振り返ってみました。

すると、僕が口癖のように、日に何度も発している言葉が二つあることに気づきました。

一つは、「そうなんだ」。

自分とはまったく違う感性、異なる「個」と出会ったときに、パッと目を見開いて、「へぇ、そうなんだ」と言えるかどうか。

頑固に否定したり、説得したりするようなことは滅多にしません。

自分では思いつかないアイディアに出会うと、面白いなと素直に思えるんです。

四歳の孫が想像を自由に膨らませておしゃべりしていても「そうなんだ」。

若い美容師さんが見たことのない髪型を提案してきても「そうなんだ」。

一緒にプロジェクトを進めるメンバーから意見があっても、「そうなんだ」。

時々、相手が拍子抜けしたような顔をすることもあるけれど、僕は強い主張はない人間だから、「そこまで言うならやってみたらいいんじゃない」と割と受け入れられるんです。

しかし周りを見回すと、歳を取ると「そうなんだ」となかなか言えなくなる人が多いのかもしれません。
プライドが邪魔するのか、相手を素直に受け入れられない。
「いや、そうじゃなくて」と否定して、上位に立ちたくなるのでしょうか。
そんなプライド、さっさと捨てた方がいいと思います。
そのほうがずっとうまくいくし、楽になれるんだから。

身近に人がいるのは「当たり前」ではない

もう一つの口癖は、「ありがとう」です。
自分を助けてくれる周りの人、特によく顔を合わせている人ほど、感謝の言葉はこまめに伝えたほうがいいと思っています。

一日に、何度も「ありがとう」。
目の前にいる人の存在を〝当たり前〟と思わなければ、感謝の言葉は自然と出てきます。

特に年齢を重ね、社会的な地位を得た人ほど、身近な人に「ありがとう」と言えなくなる人が多くなるのは残念です。

特別な記念日に豪華な花束を用意するよりも、毎日こまめに感謝を口にするほうが、ずっと大切ではないかなと僕は思います。

「そうなんだ」と「ありがとう」。

この二つの言葉をたくさん使えば、孤立することなく孤独でいられる、理想的な「個」と「個」の関係が築けるのではないでしょうか。

孤独を保ち、他者と頼り合う。依存せず、解放しながら、感謝する。

孤独とは、「一人きりで生きると決める」ことではないということは、重ねて伝えてきました。

「個」を保ち、他者とも関わり合う。

大事なのはバランスです。

自分自身を見つめ、よく知ることができれば、自分は何ができて何ができない人物かも、わかってきます。

できないことはできないと正直に表明し、周りの力を借りていい。

お互いに能力を出し合って、役割分担をする。

僕なんて、ほとんど何もできない人間だから、お菓子の袋を開けることさえお願いするのがしょっちゅうです。

半ば呆れられながらも、力を貸してもらったら、目を見て「ありがとう」。

いつもこの言葉を忘れないようにしています。

できないことを学ぼうとする姿勢も必要だけれど、闇雲になんでも自力でこなそうとなんてしなくていい。

無理して自分で頑張って、無駄に時間を費やすくらいなら、さっさと他力を頼る。

自分も同じように、力を貸せるときは貸す。

適度なバランスでの頼り合いができるといいなと思います。

けれど、このときに「頼り切る」のはいけない。

「あなたがいないと生きていけないよ」と、誰か一人にのしかかるような〝依存〟をしてはダメです。

たとえ突然、その人がいなくなっても、同じことを他の人に頼める力を自分が持たないといけない。

それが「個」で立つということでしょう。

感謝しつつも、解放することで「個」が存続する

仕事をする仲間同士でも「あなたの代わりはいないよ」と、引き留めたりする場面はよくありますね。

そんなわけがありません。

代わりは絶対に見つかります。

まったく同じやり方をする人はいないかもしれないけれど、別のやり方で同じ役割を果たしてくれる人は必ずいるんです。

「中野さんがいなくなったら、うちの会社は潰れちゃいますよ」なんて言われても、僕は完全に否定してきました。

「潰れるなんてあり得ないよ。僕の後を引き受けてくれる人のほうがずっと優秀かもしれないのに……」と。

そのとおり、どの組織も存続し、新しい形で続いていきます。

それぞれのやり方に対応して、自分も相手に合わせて微妙に形を変えていく。柔軟に対応し、足りないところを埋めていく。

「いてくれてありがとう」と感謝し、「あなたがいなくても大丈夫」と解き放つ。

「個」の存続とはそのようなものでしょう。

結びに

今回は、「孤独」をテーマにしたつもりだったのですが、そうではない素晴らしい方々に囲まれ、役割分担をしていただいて、五十年を超える仕事人生がどれほど自分にとって素晴らしいものだったか、改めて感じました。

これからも元気に二十年以上の仕事人生を続けたいと願望しております。

たった一つの大好きなことだから。

決して諦めないために、適度に運動をし、身体に良いものを食べ、十代、二十代、三十代、四十代、五十代以降、と多くの世代の方々と友人として関わり合い、「そうなんだ」と「ありがとう」を連発して残りの二十年以上を楽しく、流れに身を任せて、生きていきたいと思います。

皆様からみると「えっ、そんな！」と驚くような出来事を連発する人生になるかもしれません。

皆様、今後ともよろしくお願い申し上げます。

二作目の書籍が完成し、いろいろなことに改めて気づかされました。

様々なことを文章にしてみる、ということは重ねて必要なことだと思いました。

その中で林拓馬さん、宮本恵理子さんのお二方には、特別にお世話になりました。

出版関係のプロフェッショナルとして私をプロデュースしてくださり、私の脈略のない毎日の出来事をこのように整理する機会を作っていただきました。ありがとうございます。感謝いたします。

また、改めてこの書籍に登場した一人ひとりの方々が、私の素晴らしい人生をサポートしてくださったこと、感謝に絶えません。

末尾に、重ねてすべての方々、すべての出来事に感謝いたします。

中野善壽

本書の著者印税は、東方文化地域で支援を必要とする子供たちへ全額寄付されます。

［著者］
中野善壽（なかの・よしひさ）
ACAO SPA & RESORT代表取締役会長CEO
東方文化支援財団代表理事
寺田倉庫前代表取締役社長兼CEO

1944年生まれ。

弘前高校、千葉商科大学卒業後、伊勢丹に入社。

子会社のマミーナにて、社会人としてのスタートを切る。

1973年、鈴屋に転社。海外事業にも深く携わる。

1991年、退社後すぐに台湾に渡る。台湾では、力覇集団百貨店部門代表、遠東集団董事長特別顧問および亜東百貨COOを歴任。

2010年、寺田倉庫に入社。2011年、代表取締役社長兼CEOとなり、2013年から寺田倉庫が拠点とする天王洲アイルエリアをアートの力で独特の雰囲気、文化を感じる街に変身させた。

2018年、日本の法人格としては初となるモンブラン国際文化賞の受賞を果たす。

2015年12月、台湾の文化部国際政策諮問委員となる。

2019年に寺田倉庫を退社。地域や国境を越えた信頼感の醸成をはかり、東方文化を極めたいという飛躍したビジョンを持つ東方文化支援財団を設立し、代表理事に就任。国内外のアーティスト支援を通して、地方再生やアジアの若手アーティストの支援などを行っている。

2021年8月、ホテルニューアカオ（ACAO SPA & RESORT）代表取締役会長CEOに就任。

著書に『ぜんぶ、すてれば』（ディスカヴァー・トゥエンティワン）がある。

孤独からはじめよう

2021年11月16日　第１刷発行

著　者——中野善壽
発行所——ダイヤモンド社
〒150-8409　東京都渋谷区神宮前6-12-17
https://www.diamond.co.jp/
電話／03･5778･7233（編集）　03･5778･7240（販売）
ブックデザイン—石間淳
編集協力——宮本恵理子
DTP————RUHIA
校正————鷗来堂
製作進行——ダイヤモンド・グラフィック社
印刷／製本—勇進印刷
編集担当——林拓馬

ISBN 978-4-478-11439-1

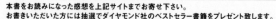